L'ESPRIT JUIF

L'ESPRIT JUIF

OU

LES JUIFS PEINTS PAR EUX-MÊMES

D'APRÈS LE TALMUD

PAR

GORÉ O'THOUMA

DE XXX

> « Nous serons toujours enfants tant que nous n'aurons pas embrassé la raison des choses.
>
> « Etre enfants, c'est ne savoir la vie que par ses raisons partielles. »

TULLE

IMPRIMERIE DE J. MAZEYRIE

1888

PRÉFACE

Ce livre a pour but de chercher à éclairer une question encore obscure, particulièrement pour les Français : c'est la *question juive*, qui à notre avis n'est que la question sociale actuelle.

Cette question agite l'Europe et reparaît chaque année sous forme d'émeutes dans les pays pressurés par les Juifs.

Un grand nombre d'ouvrages concernant les Juifs ont paru dans différents pays de l'Europe. En France particulièrement, les livres publiés sur la *question juive* sont riches en faits ; mais les faits ne suffisent pas à expliquer la puissance juive, il faut remonter aux causes.

Ces causes, que nous allons dévoiler, feront comprendre à tous ceux qui ont des oreilles pour entendre le triomphe actuel des Juifs, ainsi que le mouvement appelé très faussement *anti-*

sémitique et que l'on devrait appeler *anti-juif*, car les Arabes du Maroc, de l'Algérie, de la Tunisie, qui sont des *Sémites*, ont toujours détesté les Juifs qui demeurent au milieu d'eux, et les détestent encore autant que les paysans galliciens (1), hongrois ou petits-russiens ne détestent ceux qu'ils ont le bonheur de posséder.

Ces causes de l'extension envahissante de l'influence juive, comme aussi celles des soi-disant persécutions dont ils se prétendent l'objet, ne doivent pas être recherchées ailleurs que dans leur religion, qui n'est pas, ainsi que le croient naïvement les chrétiens, la seule religion de Moïse, mais bien la religion du *Talmud* ou *religion rabbinique*. Cette religion fait des Juifs un peuple *séparé* et *ennemi* des autres peuples, à l'égard desquels tout leur est permis. Dieu leur a donné *la terre* et *tout ce qu'elle renferme;* il s'agit seulement de s'en emparer. Tous les moyens naturellement leur sont bons pour réussir, force ou ruse. Quand on n'a pas la force on se

---

(1) Il y a en Gallicie près d'un *million* de Juifs, qui possèdent environ la *moitié* des propriétés et biens seigneuriaux.

sert de l'adresse. Ce peuple *n'a pas de patrie*, ou plutôt le monde est sa patrie. Il n'a pas inventé la *fraternité* des peuples, mais il a certainement trouvé le *cosmopolitisme*.

Au XIIIe siècle les Français disaient :

A mal berger qui lous aime.
(Mauvais berger qui aime le loup.)

Au XIXe, hélas ! nos *bergers* ont pris les loups pour les aider à garder le troupeau, et avec eux se sont partagé la laine. Les Napoléons et Louis-Philippe, bergers souverains, ont gouverné la France avec l'appui des Juifs : c'est miracle qu'il reste laine à y tondre.

Le malaise social qui a résulté périodiquement d'une administration pareille s'est toujours traduit par des barricades et des révolutions. Aux chants de liberté et sous prétexte de fraternité, le peuple lui-même, idéaliste et bon, détruisait de plus en plus les barrières qui faisaient de nous un peuple fort et riche. Mais après chaque révolution, il s'apercevait que si les impôts étaient devenus plus lourds, les Juifs, en revanche, avaient pris plus d'influence et avaient augmenté en nombre et en richesses, comme en impertinence (1).

Cette influence néfaste se fait encore cruellement sentir. Les ouvrages publiés dernièrement en France, surtout le livre de Drumont, le font voir clairement par le grand nombre des faits exposés, qui étonnent plus d'un lecteur quand il ne les a pas remarqués lui-même.

Si l'on nous taxe d'ennemi des Juifs, nous répondrons qu'on se trompe quant aux personnes; nous ne voulons dénigrer aucun individu en particulier, et nous savons que maint Juif est homme de cœur et excellent français autant que vrai patriote. Mais ce que nous aimons, c'est notre pays, la France, et la vérité. Ce que nous désirons, c'est que la France appartienne aux Français et qu'elle cesse d'être la *terre promise des Juifs*, c'est-à-dire l'*enfer* du peuple chrétien, marchands, ouvriers et paysans. Et c'est pourquoi nous croyons faire œuvre de patriote

---

(1) Ephrussi, juif d'Odessa, insulte Thiers à Trouville en 1872, alors que celui-ci était Président de la République. A la tête de jeunes gens se promenant en barque, ce banquier criait : « Vive Napoléon ! A bas Thiers ! etc. »

en montrant à nos concitoyens ce qui fait le fond de l'Esprit juif et est, suivant nous, une des principales causes de la décadence de notre nation.

Un ministre anglais disait : « Ne regrettons pas que la France fasse des révolutions, sinon elle deviendrait si riche qu'elle pourrait acheter l'Europe avec toutes ses colonies. » Or, les économies de la France ne peuvent pas même servir à payer ses dettes, elles sont employées en grande partie à l'acheter elle-même et à l'asservir, grâce à l'alliance de la haute banque juive avec les Orléanistes et les Bonapartistes, grâce aussi à l'ignorance du peuple qui envoie des juifs pour le représenter dans les Chambres et qui s'en sert comme administrateurs.

Si l'on n'élève pas de barrières contre cet envahissement de Juifs et d'étrangers qui nous arrivent de tous les côtés, il est à craindre que la France ne passe entre les mains de cette légion d'exploiteurs ; bien plus, si cette exploitation devait continuer, nous pourrions redouter, vu l'avidité et la rapacité d'une telle race, de voir bientôt les ouvriers francais, industriels ou agricoles, remplacés par des coolies chinois, car ceux-ci travaillent encore à meilleur marché que les Belges et les Italiens qui viennent prendre le pain de nos compatriotes.

C'est cet état de choses qui nous menace, et notre livre est avant tout le cri d'alarme d'un Français qui voit monter avec effroi cette nouvelle invasion, après laquelle le *finis Galliæ* rêvé par les Prussiens deviendrait une réalité.

INTRODUCTION

I

LIVRES RELIGIEUX DES JUIFS

Heine (1) a dit quelque part que les Juifs sont une *énigme ambulante*; c'en était encore une en France quand Heine écrivait, maintenant cette énigme commence à être devinée. Les Allemands l'ont parfaitement expliquée ; catholiques et protestants, tout le monde y a travaillé. Grâce aux savants allemands, le masque est déchiré : par là ces derniers ont bien mérité de l'humanité. Le Juif, effrayé de voir son masque arraché, en a encore la fièvre : les rabbins allemands se sont réunis à Breslau en

(1) Le savant juif Gratz dit dans son *Histoire des Juifs* (tome II, page 368. Leipzig, 1870) que « *Boerne* et *Heine* ne se sont séparés du judaïsme qu'en apparence, comme des combattants qui ont saisi les armes et le drapeau de l'ennemi pour l'atteindre et le détruire plus facilement. »

juillet 1887, afin de s'en fabriquer un nouveau. Réussiront-ils, comme par le passé, à tromper les chrétiens? C'est douteux. Comment arriveraient-ils à se changer, eux qui depuis trois mille ans se distinguent de tous les autres peuples par des mœurs, des idées, une conduite, un esprit, restés les mêmes à travers tous les changements, parmi toutes les nations et les pays de la terre? Partout on voit ce peuple se livrant à l'usure et produisant la misère chez ceux qui lui ont accordé l'hospitalité ; partout enfin l'histoire signale la haine que ses intrigues et ses rapines ont toujours excitée contre lui. Ce parasitisme universel qui caractérise la fonction du peuple juif parmi les autres nations tient au cœur même du judaïsme et à sa façon d'envisager la vie. C'est le *Talmud* qui fait son âme, son esprit, sa vie. « Sans Talmud le Juif ne peut pas vivre », c'est leur propre expression.

Ils disent de plus (*dans le Jalkut Sim, 75ᵃ*) : « Israël ressemble à la dame de la maison, à

« laquelle le mari apporte de l'argent ; ainsi est
« Israël : *sans avoir la charge du travail, il reçoit*
« *l'argent des peuples du monde.* »

Ils puisent toutes leurs idées pratiques dans leurs livres religieux. Avec la *Bible,* mise par eux au dernier plan, ils en ont de deux sortes :

1° Les *Livres cachés* ou *secrets* (Kabale ou Nisthar), traités de science occulte que connaissent seuls les initiés ;

2° Les *Livres publics* (Peschat ou *Nigleh),* que tous les fidèles peuvent étudier et comprendre.

Il y a une expression rabbinique pour désigner les différentes espèces de leurs livres : « *Pardes* » qui signifie *Jardin,* abréviation de *Peschat.*

Kabale signifie *tradition* ; le livre de ce titre contient les leçons qui se sont conservées d'une manière secrète par la *tradition.* Il est rempli d'explications *allégoriques* et *mystiques* d'un très grand nombre de passages des Ecritures Saintes.

La *Kabale* contient différentes parties ou livres :

1° *Le Sohar,*

2° *Le Sefer hakana,*

3° *Le Schaare ora,*

4° *Les œuvres du rabbi Vital,*

5° *Celles de son élève Lourja.*

Le *Peschat* ou *Nigleh* contient le *Talmud,* plus deux séries de commentaires et de leçons, principalement sur les versets du Talmud.

Voici leurs titres :

1° Les *Rischonim.*
- *Rif.*
- *Halachoth Gedoloth.*
- *Maimon, etc.*

2° Les *Achoronim.*
- *Beth Joseph.*
- *Beth chacash.*
- *Maharil.*
- *Schaloth uteschuboth.*
- *Meharasch de Modena.*
- *Lesbusch du rabbin Marcus.*
- *Livre de Jaffa.*
- *Ture Sohab.*
- *Sifse Kohen.*
- *Magen Abraham, etc.*

Ces livres, la *Kabale* et le *Peschat*, existaient longtemps avant qu'on ne les eût écrits, disent les Juifs. Quelques temps avant les Machabées s'établit le principe suivant : « *Faites une barrière autour de la loi.* » Pour qu'on n'enfreignît pas cette loi, les rabbins et les grands-prêtres s'efforcèrent de l'entourer, à une certaine distance, d'une *barrière* infranchissable. Mais la tradition alla tellement en augmentant que vers le milieu du 2me siècle de notre ère, on en voit paraître déjà la première partie sous le nom de *Mischna*, qui forme la *première moitié du Talmud*. Jésus-Christ blâmait l'exagération des pharisiens, qui reculaient toujours cette barrière, rendaient les esprits de plus en plus étrangers à la vraie loi de Moïse.

« Tu ne voleras point, tu ne tueras point » : voilà la loi de Moïse. Mais pour les Pharisiens, il s'agit seulement des Juifs entre eux. Ils refusent aux autres hommes le nom d'hommes. Non-seulement tous les moyens peuvent être employés par eux pour dépouiller les étrangers, mais ces moyens, qui leur sont permis, leur sont même commandés. La citation suivante est suffisamment éloquente. Dans le *Sefer Midrasch Talpioth* (Edit. Varsovie, 1875, page 255) il est dit : « *Dieu créa les Akum* (ou chrétiens) *sous forme d'hommes en l'honneur des Juifs. — Les Akum n'ont été créés que pour servir les Juifs jour et nuit sans qu'ils puissent quitter leur service. Il ne conviendrait pas à un prince* (1) *d'être servi par un animal, mais bien par un animal à figure humaine.* »

Après la destruction de Jérusalem, tout espoir de regagner la Palestine s'étant évanoui, les chefs juifs nommés *Tannajm*, c'est-à-dire savants, commencèrent à s'occuper de la tradition qui avait été oubliée pendant les deux ou trois siècles qui précédèrent la prise de leur capitale. Ils élevèrent une véritable *barrière* autour de la loi. Leurs propres opinions for-

---

(1) Voir § 121, 1ʳᵉ partie : « Tous les Juifs sont princes. »

mèrent des suppléments à la tradition écrite. Cette tradition se divise en deux parties :

1° Le *Mischna*, c'est-à-dire la *Répétition* (particulièrement de la loi de Moïse).

2° Le *Gemara*, c'est-à-dire l'*Achèvement* (de la loi de Moïse).

Le *Mischna*, complété et achevé par le *Gemara*, porte le nom de *Talmud*. Ce nom signifie l'*enseignement*, la *doctrine*. Le *Talmud est le Traité de la doctrine.*

L'année 175 après Jésus-Christ, la partie du Talmud appelée *Mischna* fut déclarée achevée et *fermée*. Peu de temps après, quelques centaines de *Tannajm* (savants) se réunirent en Palestine et déclarèrent non-seulement que le livre du *Mischna* était clos, mais encore que tout Juif qui ne le connaîtrait pas ou qui se permettrait soit d'y ajouter, soit d'en rejeter quelque chose, serait excommunié.

De plus il fut décidé que le nom de *Tanna* (savant) serait remplacé par celui de *Amora* (conteur) qui indiquait simplement une sorte de *lecteur* chargé d'enseigner la religion, mais non de l'interpréter. Il ne resta plus aux *Amorajm* qu'à commenter le *Mischna* sans qu'ils eussent toutefois le droit d'y rien ajouter.

Pendant 120 ans les rabbins s'ingénièrent à compléter leur livre religieux par des fables, des contes, et à *inspirer partout à leurs fidèles le mépris et la haine du Christianisme*. Ces contes et ces fables devinrent la seconde partie du Talmud.

Enfin *un concile de rabbins*, convoqué vers l'an 300 de notre ère, *déclara* que *cette seconde partie ou Gemara* était aussi *complète* et que *nul ne pouvait plus rien y ajouter*, ni *rien en retrancher*. Le décision de ce concile se termine ainsi : « *Qui ne croit pas à une loi du* TALMUD, *soit dans le* MISCHNA, *soit dans le* GEMARA, *ou qui doute d'une histoire ou d'un conte, en un mot de tout ce qui est contenu dans le* TALMUD, *celui-là est exclu du judaïsme, et on doit le faire mourir.* »

Les Juifs étaient alors très ignorants et regardaient leurs rabbins comme des *savants*, des *sages*, des *saints*, presque comme des *patriarches*. A partir du 4me siècle, les rabbins n'eurent plus le titre de *Amora*, on les nomma *Nosio* (sublime) et *Gaon* (excellence). Ce dernier titre se donne encore aujourd'hui, mais il y a très peu de rabbins qui le portent.

Les rabbins les plus célèbres habitaient Babylone et la France. Voici des renseignements sur les ouvrages religieux de quelques-uns.

Vers 1032, *Isaac Alphasi* écrivit le *Petit Talmud*. Les contes n'y sont pas, mais *on y trouve tout au long les lois du Talmud*. Ce livre ne fut pas reconnu comme *loi*.

En 1169, Moïse, *fils de Maïmon*, fit paraître le *Mischna Thora* en 4 volumes. Il avait déjà publié un peu auparavant un ouvrage philosophique sous le nom de *More Nébochim*.

On regarda d'abord ce *Moïse* comme trop libéral; aussi n'est-ce qu'un siècle plus tard que le *Mischna Thora* fut honoré des rabbins de telle sorte que tous s'en servirent. Le livre du *Maïmonide* fut reconnu comme l'expression de la *loi* et introduit partout chez les Juifs. C'est ce livre qui popularisa réellement chez ce peuple les leçons et les lois du *Talmud*.

En 1321, un autre rabbin, *Jacob ben Ascher* de Tolède, écrivit aussi son livre de lois sous ce titre : *Thur ou Arba' a turim*. Ce livre servit encore à compléter le *Mischna Thora*.

Enfin un des plus célèbres rabbins, *Joseph Qaro* (1488-1575) de *Saphet* en Palestine, écrivit le *Schulchan aruch*, ce qui signifie *Table couverte*. Ce livre devait être un code complet de lois et servir à tous les Juifs de tous les temps et de tous les pays : il atteignit complètement son but, et il leur a servi de *loi* jusqu'à ce jour. Dès qu'il parut (1) il se répandit partout ; tous les rabbins du monde le déclarèrent le code le plus vrai et le plus clair, et le recommandè-

(1) Première édition, à Venise, en 1565.

rent comme le meilleur guide. Toutes les règles qui s'y trouvent ont encore aujourd'hui force de loi chez les Juifs.

Le rabbin *Moses Isserles*, de Cracovie (1549-1573), après avoir écrit un commentaire sur le *Arab'a turim* sous le titre de *Darkhe Mosche*, publia des *Additions et Rectifications* au *Schulchan aruch*. Ces publications ont obtenu chez les Juifs occidentaux la même considération que les *paroles de Qaro* en avaient obtenu chez les orientaux.

Ainsi, avec les additions d'*Isserles*, le *Schulchan aruch* est le véritable *code de lois* des Juifs. En des phrases claires et précises, en des paragraphes courts, frappés souvent en forme de sentences, il contient toutes leurs lois nettement définies.

Le *Schulchan aruch*, la *Table couverte*, est divisé en 4 parties :

1° *Orach chajjim*	contient	27 chapitres	et	697	paragraphes ;
2° *Jore de' a*	»	35	»	403	»
3° *Eben ha' ezer*	»	5	»	178	»
4° *Schoschen ha-mischpat*		29	»	427	»
	En tout		96 chapitres et 1705 paragraphes.		

Esprit juif.

Voici le sommaire de leur contenu :

PREMIÈRE PARTIE. — *Orach chajjim* signifie *Chemin de la vie.* Cette partie renferme les règles sur l'emploi du temps à la maison et à la synagogue. Voici les titres des 27 chapitres :

1. Du lever, de la manière de s'habiller, de se laver, de contenter ses besoins ;
2. Du manteau à franges pour la prière ;
3. Des courroies pour la prière ;
4. Des dictons de bénédiction ;
5. Des prières ;
6. Des bénédictions des prêtres ;
7. De la lecture de la loi ;
8. De la synagogue ;
9. Du manger ;
10. Des mots de bénédiction pour remercier d'une jouissance ;
11. De la prière du soir ;
12. Du sabbat ;
13. Des objets qu'on peut porter le jour de sabbat ;

14. De l'éloignement de sa maison qu'on peut se permettre le jour du sabbat ;

15. Des moyens à employer quand il faut s'éloigner le jour de sabbat ;

16. De la nouvelle lune ;

17. De la fête de veille de la Pâque ;

18. Des jours de fêtes ;

19. Des demi-fêtes ;

20. Du jeûne le 9 du mois d'*Ab* ;

21. Des autres jours de fêtes ;

22. De la nouvelle année ;

23. Du jour de l'expiation ;

24. De la fête des Tabernacles ;

26. De la fête de la Sanctification ;

27. De la fête appelée *Purim*.

DEUXIÈME PARTIE. — *Jore de' a* signifie : *J'enseigne la science* ; on pourrait dire : *Le maître du savoir*. (Comparez *Isaïe* 28, v. 9).

Voici les matières des 35 chapitres :

1. De l'abatage des animaux de boucherie ;

2. Des animaux tarés ;
3. De la viande des animaux vivants,
4. De la viande provenant d'un *non-Juif* ;
5. De la graisse ;
6. Du sang ;
7. De la salaison de la viande ;
8. Des animaux purs et impurs ;
9. Des œufs ;
10. De la viande et du lait ;
11. Des mélanges des aliments ;
12. Des mets des *non-Juifs* ;
13. Du vin des *non-Juifs* ;
14. De l'idolâtrie ;
15. De l'usure ;
16. De la propreté ;
17. Des menstrues ;
18. Des vœux ;
19. Des serments ;
20. Du respect pour les parents ;
21. Du respect pour les rabbins ;
22. De l'aumône ;

23. De la circoncision ;

24. Des esclaves ;

25. Des prosélytes ;

26. De la loi écrite ;

27. De ce qui est écrit sur les piliers ;

28. Des nids d'oiseaux ;

29. Des mélanges de plantes ;

30. Du rachat du premier-né ;

31. Du premier-né des animaux ;

32. Des dons pour les prêtres ;

33. Du ban et de l'excommunication ;

34. De la visite aux malades ;

35. Des derniers devoirs aux morts.

Troisième partie. — *Eben ha' ezer* signifie : *Pierre du secours*. (Comparer *Samuel*, I, 1—V, 1 — VII, 12). En voici les chapitres :

1. Commandement pour la multiplication de l'espèce ;

2. Quelles sont les femmes que l'on ne doit pas épouser ;

3. Le mariage ;

4. Le divorce;

5. Le mariage des lévites.

Quatrième partie. — *Schoschen ha-mischpat* signifie : *Cuirasse de la justice.* (Comparer *Exode* XXVIII, 15, 30.) Cette partie contient l'ensemble des lois civiles et criminelles. C'est particulièrement du *Schoschen ha-mischpat* que sont extraits les paragraphes de la 2me partie de notre livre. Voici les objets dont traite cette 4me partie dans ses 29 chapitres.

1. Des juges;

2. Des témoins;

3. Des prêts et des emprunts;

4. Des recouvrements;

5. Des recouvrements de dettes d'orphelins;

6. Des remboursements par commissionnaires ou par fondés de pouvoir;

7. Du cautionnement;

8. De la propriété mobilière;

9. De la propriété immobilière;

10. Des dommages entre voisins ;

11. De la propriété en communauté ;

12. Des compagnies d'affaires ;

13. Des commissionnaires et des courtiers ;

14. De l'achat et de la vente ;

15. De la tromperie ;

16. Des cadeaux ;

17. Des dons provenant d'un malade ;

18. Des objets perdus ou trouvés :

19. Des bêtes de trait ou de somme qui tombent et qu'on doit relever ;

20. Des biens sans maîtres ;

21. Des héritages ;

22. Des objets confiés à la garde de quelqu'un ;

23. Des ouvriers ;

24. Du prêt et de l'emprunt d'objets mobiliers ;

25. Du vol ;

26. Du brigandage ;

27. Des dommages causés à quelqu'un ;

28. Des causes de dommage ;
29. Des rixes ;

Toutes les maximes dont nous donnons une suite dans les deux parties de ce livre sont extraites du *Schulchan aruch* ou directement de la *source*, je veux dire du *Talmud*. Elles ont été choisies dans deux livres du D᷊ *Justus*. L'un est le fameux ouvrage intitulé : *Le Miroir des Juifs* (1) (*Judenspiegel*), qui donna lieu en 1883 à un procès retentissant. L'autre est une brochure ayant pour titre : « *La sagesse talmudique.* » Des professeurs de langue sémitique furent choisis comme juges dans cette affaire : Juifs et Chrétiens y étaient représentés. Parmi ces derniers se trouvait le D᷊ *Jacob Ecker*, privat-docent pour la philologie sémitique à l'académie royale de Münster. Il a publié ces mêmes maximes (2), avec une critique savante où il prouve qu'il n'y avait

---

(1) Paderborn, 1ʳᵉ édition. Bonifacius, 1883.
(2) « *Judenspiegel* » *au grand jour de la vérité.* — Paderborn, 2ᵐᵉ édition, Bonifacius, 1884.

rien d'exagéré dans la traduction du Dr *Justus*.

On le verra plus loin, le *Talmud* est extrêmement pratique et le Juif qui le connaît est non-seulement armé pour connaître les hommes, mais surtout pour être hostile à tout ce qui n'est pas juif. Il importe donc de nous tenir en garde de bonne heure contre cet esprit juif et talmudiste. Nous aussi nous avons des devoirs à remplir en prémunissant nos fils contre ce fléau de l'invasion juive, et pour cela, il faut que nous redevenions pratiques et que nous sachions défendre notre propre bien. C'est par l'éducation que nous donnerons à nos enfants, que les nouvelles générations françaises pourront se débarrasser du filet formidable qui nous étreint de toutes parts. En défendant le génie de notre race, en conservant son ancien bon sens et en luttant contre l'influence juive, cela aidera plus à la *fraternité française* que de favoriser ceux qui la réduiraient bientôt à la ruine.

II

NOMS QUE LES JUIFS DONNENT AUX CHRÉTIENS

Dans leurs livres religieux, les Juifs emploient différents noms pour désigner tous les *non-juifs* et les *chrétiens* plus particulièrement.

Cependant ils évitent autant que possible de se servir du nom de *chrétiens*. Ce mot est remplacé par celui de *Nazaréens*.

En outre voici les noms qu'ils nous donnent ordinairement dans le *Talmud* :

1° *Goi* (pluriel *gojm*, féminin *goja*), qui signifie : *peuple* et désigne les *gentils*, les *païens*, les *non-Israélites* ;

2° *Akum*, qui signifie : *adorateur des astres* ;

3° *Nochri* (pluriel, *nochrim*), qui signifie : *étranger, étranger au pays, étranger d'après la loi juive* ou païen ;

4° *Obed elilim*, qui signifie : *idolâtre* ;

5° *Kuthi*, peuple envoyé en Palestine par les rois d'Assyrie ; de son mélange avec les Juifs qui y étaient restés a été formé le peuple *Samaritain* ;

6° *Minim*, qui signifie : *hérétiques*. Ces deux derniers noms ne sont pas appliqués aux chrétiens, qui sont regardés comme *idolâtres*.

Dans le langage des Rabbins, toutes ces expressions ont maintenant la même signification et désignent les *non-Juifs* en général, par conséquent aussi les *chrétiens*.

De sorte que toutes leurs lois, si iniques et si inhumaines, concernant leurs rapports avec les *akum* et les *gojm*, sont aussi dirigées contre les *chrétiens*.

III

DIFFÉRENCE ENTRE LA MORALE CHRÉTIENNE
ET LA MORALE DU TALMUD.

« Je me sens dégagé de toute passion en parlant des Juifs. » Ainsi s'exprime M. Francis Magnard dans l'article politique du *Figaro* du 16 novembre 1886. Nous en pouvons dire tout autant que lui. Puis il continue :

« J'en connais qui sont de fort honnêtes gens (nous le félicitons !), des amis fort loyaux (il est vraiment heureux) ; j'ai le regret de connaître aussi des chrétiens qui sont de fières canailles (hélas ! nous en connaissons aussi !) Enfin il ajoute : « *La religion n'y fait rien.* »

Les canailles chrétiennes que nous connaissons disent la même chose, ou, ce qui revient au même, que la religion ne fait pas la différence entre les hommes.

Ici nous sommes complètement en désaccord avec ces honnêtes gens. A notre avis, la religion joue un rôle considérable. La religion d'un peuple nous permet de juger de sa loyauté et de sa moralité.

Voici une comparaison de la morale chrétienne et de la morale juive talmudiste (1), qui montrera si la religion ne « fait rien » à la moralité de l'individu.

RELIGION CHRÉTIENNE	RELIGION JUIVE TALMUDISTE
1. L'*Évangile* nous apprend à regarder tous les hommes comme nos *frères*.	Le *Talmud*, au contraire, apprend aux Juifs à ne regarder les autres peuples que comme des *chevaux*, des *ânes*, des *cochons*, et même à les placer encore plus bas. Voyez 203. Voyez § 224. 235. 203. 179. 217. 163. 197. 198. 200.
2. La religion chrétienne	La religion juive talmudiste

(1) Seuls les Juifs Karaïtes, qui existent en très petit nombre en Turquie et en Crimée, ne suivent pas la doctrine du *Talmud*.

défend, envers tous les hommes d'être :	*permet* et même regarde comme une bonne œuvre d'être à l'égard des *non-Juifs* :
bas,	*bas* (§ 119).
impertinent,	*impertinent* (§ 123. 119. 120).
menteur,	*menteur* (§ 24. 199).
hypocrite,	*hypocrite* (§ 248. 250. 251).
fourbe,	*fourbe* (§ 170. 248. 249).
trompeur,	*trompeur* (§ 248. 215.216.206. etc.
recéleur,	*recéleur* (§ 208. 210).
faussaire (faux serment),	*faussaire* (§ 173. 215. 199).
violateur de la loi,	*violateur de la loi* (§ 216.)
assassin.	*assassin* (§ 244. 245. 246. 247). (1)
3. Charité chrétienne.	Charité (§ 256).

M. Francis Magnard dit plus loin dans le même article : « Voulez-vous lutter contre l'envahissement des Juifs ?

1° *Apprenez d'eux les raisons de leurs succès,*

2° *Ayez les mêmes qualités,*

3° *Au besoin les mêmes défauts, ils ne sont point inimitables,*

4° Cela vaudra mieux que de les *menacer* et de les *maudire*. »

(1) Les chrétiens, comme tous les non-Juifs, étant considérés comme des *animaux sous forme humaine*, ce ne peut être un péché de les tuer. On voit, dans les pays habités en grande partie par les Juifs, des juives fiancées à des chrétiens et converties à la religion chrétienne, disparaître complètement avant ou après le mariage sans laisser aucune trace. (De tels faits ont été publiés par les journaux russes.)

L'une des causes de leurs succès ne serait-elle pas cette morale si opposée à la morale chrétienne? Cette cause est très bien définie dans le *Sohar, I. 132 a* :

« Tous ceux qui étudient les lois des Rabbins sont libres de tout dans ce monde, libres de toutes les prescriptions dont sont chargés tout le reste des peuples, les *Akum*. »

Pour s'en convaincre, il suffit encore de lire les § 21. 22. 23. 26. Le § 27 dit : « *Malheur aux chrétiens qui n'ont pas de Talmud ! Ils sont perdus sans espoir de salut* (1). »

Quant aux *qualités* et aux *défauts* des Juifs, recommandés à notre imitation par le directeur du *Figaro*, ils sont à peu près « inimitables. »

L'éducation juive par le Talmud, qui commence pour chaque Juif dès sa plus tendre enfance (4 à 5 ans) et lui apprend à être *faux, rusé, fourbe*, est la meilleure école pour former

---

(1) Voilà pourquoi, en dévoilant l'esprit du Talmud aux chrétiens, nous cherchons à les sauver des griffes des Juifs.

les grands acteurs et comédiens, surtout ceux qui excellent à faire prendre aux chrétiens français des *vessies* pour des *lanternes*. Les plus grands acteurs juifs, d'ailleurs, ne sont pas seulement au théâtre. Ils sont dans les administrations, dans les banques, dans les chambres, et surtout dans la presse, où les fabriques de *vessies* sont généralement dirigées et soutenues par des écrivains et des financiers juifs dont le rôle est de détruire autant que possible l'unité nationale et d'exciter les partis les uns contre les autres.

Exemples :

Le *Gaulois* dirigé par *Arthur Meyer*;

La *Lanterne* » » *Eugène Mayer*;

Le *Figaro* où *Albert Wolf* a quelque influence;

La *République française* où écrit *Joseph Reinach*;

La *Nouvelle Revue* dirigée par *M. de Cyon* (1), juif d'Odessa ; etc., etc.

---

(1) Ceci était écrit avant que *Madame Adam* eût repris la direction de la *Nouvelle Revue*.

INTRODUCTION 37

Quant à « menacer » et à « maudire » les Juifs, nous trouvons cela fort inutile. Pour les rendre « meilleurs », d'après leur propre avis, il faut les « bien battre (1) », car, comme les olives (*Traité XXIX, Menachot, 53 b*), « les Juifs ne deviennent bons que s'ils sont bien *battus*. » Ce n'est pas nous qui parlons, ce sont les Juifs eux-mêmes dans leur *Talmud*.

Le *Talmud* a-t-il raison ?

Il y a quelques années, les Juifs en Allemagne essayèrent d'agir comme ils ont l'habitude de faire en Russie et en Autriche ; mais les Allemands les battirent à plusieurs reprises, il y eut des fenêtres brisées, des horions donnés et reçus. Les journaux juifs voulurent faire sonner les trompettes du nouvel-an, mais le journal de Bismarck les eut bientôt mis à la raison.

Il y eut également une émeute dans une ville d'Angleterre. Le journal israélite conseilla aux

---

(1) § 125.

Juifs de quitter cette ville, s'ils ne pouvaient s'accorder avec les habitants : « *car, dit-il, il n'y a rien à faire avec de pareilles gens.* »

Après ces émeutes contre les Juifs en Allemagne, il y en eut aussi en Russie. A Varsovie, on surprit des agents *antisémites* allemands qui poussaient à l'émeute.

De la Russie, ces émeutes ont passé en Autriche, en Algérie. On dirait que ces pays ont étudié le conseil du *Talmud* cité plus haut, ainsi que les vers de Boileau :

Vingt fois sur le métier remettez votre ouvrage.

Dans ces pays les émeutes se répètent chaque année. En 1887 il y a eu une émeute *antisémitique* à *Presbourg* ; une à *Ousbègue* (Hongrie) avec 5 blessés et 3 tués, et une à *Duna-Chardogueli* (Hongrie) avec le feu aux quatre coins de la ville.

En Angleterre et en Allemagne, les Juifs doivent payer les verres qu'on leur a cassés ainsi que les médecins et pharmaciens qui les soignent s'ils sont blessés. Cela coûte trop cher. Les troubles ne se renouvellent plus dans ces deux pays.

Mais en Autriche, en Russie et en Algérie (1), c'est différent. Dans ces pays, ce sont les chrétiens qui payent les verres cassés et tout le reste ; souvent même il y a de ces derniers battus, blessés, tués dans ces émeutes : ceux qui échappent sont en partie jetés en prison.

Chose curieuse, les Allemands qui ont donné l'exemple de battre les Juifs, sont les favoris de ces derniers. La haine de Bismarck contre les Juifs n'est qu'une *vessie*. L'union de Bismark

---

(1) On lit dans le *Figaro* de 1885 :

Alger, 26 *Juin*. — Une certaine effervescence règne ici depuis deux jours, à propos de l'interdiction de la représentation d'une saynette en langue *sabir*. (Elle n'était pas immorale, on ne s'y moquait ni des Chrétiens ni des Mahométans, mais on s'y moquait des Juifs.) Une soixantaine de jeunes gens ont parcouru les rues en criant : « A bas les Juifs ! » La police est intervenue et *sept* arrestations ont été opérées. Cela a suffi pour calmer les manifestations.

Alger, 27 *juin*. — Les troubles antisémitiques augmentent par suite d'une mésintelligence entre les autorités civiles et le procureur de la république qui a relâché, malgré le *maire, cent cinquante* individus *arrêtés*.

et des Juifs est très intime, il leur livre les *Slaves* et les *Néo-latins*. Grâce aux Juifs, il espère bien faire de la France une seconde Pologne, et de la Russie une continuation de la Pologne.

IV

JOSSE MOSAÏSTE

Étude de la brochure de M. Alexandre Weill :

LA FRANCE CATHOLIQUE ET ATHÉE (1)
(Réponse à la *France juive.*)

avec cette épigraphe :

> « *Qui creuse une fosse à son prochain y tombera lui-même.* »

« Voulez-vous lutter contre l'envahissement des Juifs, apprenez à avoir les mêmes qualités, au besoin les mêmes défauts, ils ne sont pas *inimitables.* » Tel est le conseil donné par M. Francis Magnard dans le *Figaro.*

Je suivrai ce conseil et c'est particulièrement à M. Alexandre Weill que je m'adresse-

(1) Dentu, éditeur. — 1886.

rai ou plutôt à sa brochure et à deux articles de lui publiés dans le *Figaro*.

Je cite M. Weill, parce que c'est un Juif modeste, qui peut servir d'exemple aux autres. Il dit qu'il est Juif *mosaïste*. Il ajoute que les Juifs qui ont quitté la Bible hébraïque et mosaïque (p. 48) pour le Talmud ont quitté leur véritable élément; il les appelle, au lieu de Juifs *talmudistes*, Juifs *christianisés rabbiniques*.

Ici M. Weill est complètement dans l'erreur. Pour s'en convaincre, il suffit de comparer la morale chrétienne avec la morale *rabbinique talmudiste* : Ces deux morales sont diamétralement opposées. (Voir le chapitre précédent).

Il n'est pas très poli pour la « prétendue bonne société » juive et chrétienne de Paris, et il la résume en trois mots d'une délicatesse sans nom : « *Crottin, Crétin, Catin.* »

Quoique très sévère contre les *Talmudistes*, il s'adoucit pourtant quelques mois plus tard, à l'occasion de la mort du baron *Meyer-*

Charles de Rothschild. (*Figaro* du 12 octobre 1886.)

Voici ce qu'il dit :

« La maison de Frankfort fut durant de longues années gérée par le vieux baron *Amschel de Rothschild*, le fils aîné de la famille, qui était un *Talmudiste distingué*, un pieux Israélite, et qui, mort sans enfant, a laissé une immense fortune à ses deux neveux : *Meyer* et *Guillaume*, ce dernier connu sous le nom populaire de Willi, tous deux fils du baron Charles.

« Ces deux frères, unis pour les affaire, ne se ressemblaient en rien : *Charles Meyer était indifférent à tout ce qui concerne la religion en général et la religion juive en particulier*, tandis que son frère *Willi suivait et suit encore religieusement toutes les prescriptions rabbiniques du Talmud et de sa Bible, même en voyage.* »

Plus loin, en parlant du défunt (*Charles-Meyer*) il dit :

« Il a dû faire d'amères réflexions sur la

connivence de son empereur bien-aimé aux *manifestations antisémitiques* de son chapelain Stoecker. »

Voilà donc la colère de M. Alexandre Weill contre les *Talmudistes* apaisée tout à coup. Il loue le baron *Amschel de Rothschild* d'avoir été un *Talmudiste distingué*, un pieux *iraëlite*, expressions synonymes dans sa pensée. Il loue aussi le neveu Guillaume ou Willi de suivre religieusement « *toutes les prescriptions rabbiniques du Talmud et de la Bible, même en voyage.* »

Comment se fait-il que le premier frère ait dû faire d'amères réflexions, puisqu'il était « indifférent à toutes les religions et à la juive en particulier ? »

Dans un article sur *Madame Meyerbeer* (*Figaro* du 11 septembre 1886), M. Weill écrit : « J'ai oublié tout mon hébreu, *dit Meyerbeer*, que je savais à l'âge de six ans. » M. Weill ajoute : « *On n'oublie jamais ce que l'on a su à l'âge de six ans*, et, lui présentant quelques lignes d'hébreu que je traçai sur le papier, il le lut parfaitement. »

Je crois comme lui qu'on n'oublie guère ce que l'on a appris à l'âge de six ans ou dans son enfance et sa jeunesse, c'est pourquoi il serait fort à désirer que chaque jeune Français apprît de bonne heure à connaître le monde, et qu'on n'enfermât pas si longtemps la jeunesse dans ces casernes qu'on appelle lycées.

En lisant la brochure de M. Weill, nous verrons bien s'il est *mosaïste* ou *talmudiste*, bien qu'il dise :

« M. Drumont est orfèvre ultramontain, je ne vois pas la raison pourquoi il me serait défendu de m'appeler *Josse mosaïste*. »

De mon côté, je ne vois pas de raison pour m'empêcher de rechercher s'il mérite ce titre, d'autant plus que cette recherche pourra aider à acquérir les « qualités et les défauts » des Juifs, pour les imiter, s'il est vrai qu'ils ne soient pas « inimitables. »

M. Weill est-il *Josse mosaïste* ?

A la vérité il dit :

« Je n'attaquerai pas les catholiques, je ne hais personne; » mais il a soin de qualifier quelques-uns de « pauvres d'esprit » sans les croire heureux; il n'a pour les uns que de la « sympathie », pour les autres que de la « pitié ». Pour mieux prouver encore la véracité de ce qu'il avance et pour montrer sa douceur « mosaïste », voici les amabilités qu'il adresse dans son opuscule à peu près à tous les chrétiens :

Page 12. « Brutes humaines (ancêtres des chrétiens.) »
»   28.   « Tas de nigauds. »
»   20.   « Bois pourri. »
»   28.   « Sots barbares. »
»   82.   « Peuple bête. »
»   63.   « Gredins. »
»   26.   « Gredins de la pire espèce. »
»   26.   « Crétins catholiques. »

»   25.   « Gueux aryens. »
»   37.   « Brigands enrégimentés. »
»   36.   « Brigands de grands chemins. »
»   18.   « Crottin, crétin, catin. »
»   56.   « Quoi d'étonnant qu'il n'y ait pas de véritables justes parmi les chrétiens ! »

Ces citations nous montrent comment M. *Josse mosaïste* est aussi orfèvre, par la quantité de jolies épithètes dont il gratifie tout ce qui n'est pas juif; elles prouvent aussi qu'il est non-seulement juif, mais juif *talmudiste*. Il a sans doute retenu ces aménités depuis un âge bien tendre, peut-être depuis l'âge de « six ans ».

Toute sa brochure respire la haine la plus franche contre le christianisme et les chrétiens, haine inspirée uniquement par le *Talmud*. Le lecteur s'en convaincra en lisant quelques extraits de ce précieux livre dans les deux dernières parties de notre ouvrage.

Comment s'en étonner quand on a lu le § 120, (Traité V, *Betsa*, 26 *b*) du *Talmud* ?

« Parmi les peuples les plus impertinents sont les Juifs. » Voilà donc notre *Josse* pris en flagrant délit de *Talmudisme* et d'*impertinence*.

Au § 119 du Traité XI, *Megilla*, 6 a, on lit : « Les Juifs sont si petits qu'on peut leur marcher dessus, ou si grands qu'ils atteignent les étoiles. Il n'y a pas de grandeur moyenne. »

« On leur marche dessus » : cela signifie qu'ils rampent pour atteindre leur but, quand ils sont pauvres, sans force, sans pouvoir.

« Ils atteignent les étoiles » : cela signifie qu'ils dressent la tête et *sifflent*, quand ils sont grands, riches, puissants, forts.

Comme *M. Josse* siffle bien fort, c'est qu'il sent sa tête près des étoiles. Le même Juif, d'ailleurs, peut tour à tour ramper ou siffler ; il se laisse « marcher dessus » ou c'est lui qui nous « marche dessus », suivant les circonstances. Le Juif, c'est l'*opportuniste* par excellence.

Si j'ai montré que *M. Josse Weill* est *Talmu-*

INTRODUCTION 49

diste par le caractère de son livre, je vais continuer à le mieux démontrer encore. En effet, à la page 78, il montre le bout de l'oreille et dit : « Moi qui connais un peu le *Talmud* ; » puis il en cite des passages pour prouver que M. Drumont a tort. Il prouve si bien qu'il sait le Talmud qu'il en dénature l'esprit dans ses citations.

Qu'on en juge :

Le Talmud de M. Weill.	Le Talmud juif.
« Il est de notre *devoir* de soutenir les pauvres des Gentils, comme les nôtres, de guérir et de secourir leurs malades comme les nôtres, d'enterrer leurs morts comme les nôtres. » (Traité Gittin, 6)	« Il est *défendu* de faire, sans espoir de retour, un don à un inconnu qui n'est pas Juif. » (*Jore de' a. 151. 11.*) Cependant : « Il est *permis* de donner l'aumône aux pauvres des *Akum*, de visiter leurs malades, d'enterrer leurs morts et de consoler leurs affligés, par *amour de la paix*. (Schulchan Aruch.—Jore de'a 151. 12. Tiré du *Talmud*. *Gittin*, p. 20.)

La *défense* et la *permission* du *Talmud* ne ressemblent guère au *devoir* de M. Weill. Encore moins notre *Talmudiste* pourra-t-il trouver un précepte de charité dans ce passage du *Schulchan aruch,* 344, 8 : « On ne porte pas le deuil des *Akum* et des esclaves, et on ne leur rend pas les derniers devoirs. » (§ 249).

Suivant l'esprit du *Talmud*, on dénature les textes, pour donner un sens favorable à ce qu'on veut prouver, et M. Weill suit fidèlement ce conseil du rabbin *Rathan* qui dit dans le traité XII (*Baba bathra*, 65 b) :

« C'est une bonne œuvre de mentir par amour de la paix. Les frères de Joseph ont menti, le prophète Samuel a menti, oui, *Dieu lui-même a menti.* »

Ainsi donc, en faisant mentir son *Talmud* « par amour de la paix », il a bien mérité de ses coreligionnaires.

Mais ce n'est pas tout. Page 16, notre vaillant *mosaïste* s'arme d'un « mètre » qui se change en « gourdin » pour « assommer l'erreur, la haine, le mensonge et la calomnie. » « D'ordinaire, ajoute-t-il, il ne brandit son fouet de prophète enflammé que pour claquer de la mèche sans frapper, mais pour les brigands et les assassins chrétiens, il se servira du manche. »

<small>Ah ! qu'en termes galants ces choses-là sont dites !</small>

S'il plaisait au Dieu du Talmud que le « gourdin » de M. Weill assommât d'un coup « l'erreur, la haine, le mensonge, la calomnie » et toutes les « canailles », je craindrais pour l'influence de ses coreligionnaires. La France s'en porterait-elle plus mal ? Mais reprenons ses *arguments*.

A la page 7, il a un « soc de charrue avec lequel il combattra toutes les erreurs, toutes les infamies des antisémites, il s'en servira pour terrasser les brigands de grands chemins. »

Ah ! il est solidement préparé pour la guerre : soc de charrue, mètre changé en gourdin, fouet enflammé dont le manche terrassera l'antisémitisme, voilà les armes de cet « Achille ». Que signifie tout cela : ces armes, ces cris, ces menaces ! Les voici expliquées dans le Talmud (Traité VIII, Rosch haschana, 16 b) par le rabbin Isaac :

« *Pourquoi sonne-t-on les trompettes du Nouvel-An ? — Pour étouffer (ou empêcher d'entendre) ce que Satan veut dire de mal sur les Juifs.* »

Satan, c'est le nom que les Juifs donnent à tout honnête homme qui a le courage de dévoiler leur manière d'agir et de déchirer le masque dont ils se couvrent en mettant en lumière leurs intrignes et leurs mauvaises actions. Les méchants trouvent les bons très méchants.

Quand les Juifs veulent perdre un chrétien ils se mettent dix, vingt, toute une légion contre lui. Toutes leurs gazettes « sonnent de la trompette » aux quatre coins de l'Europe ; tous leurs reporters crient comme des enragés et la voix du pauvre diable est « étouffée » dans le bruit qu'ils font. Ils le tueraient même que pas un de leurs journaux n'en parlerait, et si, d'aventure, les chrétiens voulaient défendre leur frère opprimé, ce seraient eux qui se diraient persécutés et exterminés ; ils auraient de plus le talent de se faire plaindre des journaux chrétiens. C'est ce qui arrive chaque fois que les exactions des Juifs provoquent des émeutes en différents pays de l'Europe.

Un exemple de ce fait se trouve expliqué dans le journal autrichien : *Die Judenfrage (la Question juive)*, n° du 1ᵉʳ août 1886, publié à Steyr (Autriche).

On voit, dans l'article « *Zur Judenbewegung in Frankreich* » comment tous les journaux juifs et opportunistes attaquent le général Boulanger, et cela surtout parce qu'il est un redoutable ennemi de la juiverie ; toutes les grandes « trompettes » juives, allemandes et autrichiennes, entonnent la même sonnerie contre le général Boulanger, et ce tapage continuera jusqu'à la chute du chef d'armée qui fait peur à Bismark et aux Juifs (1).

(1) Ceci était écrit le 1ᵉʳ août 1886.

Bismark, en effet, prévoit que la France pourrait mater les Juifs et suivre la voie du relèvement, Aussi agit-il de concert avec eux. Il connaît trop bien les services que les Juifs ont rendus à la Prusse; il sait que celle-ci s'est agrandie de la Pologne ruinée et abâtardie, grâce aux Juifs et au système d'éducation introduit par les Jésuites dans ce pays.

M. Weill fait découler la liberté, l'égalité et la fraternité, des lois de Moïse : il est curieux de voir comment elles en découlent. Ouvrons le *Deutéronome*, lisons et citons.

Voici pour la fraternité :

Chapitre VII, 16 : « *Tu détruiras donc tous les peuples que le Seigneur ton Dieu te livre.* »

Verset 24 : « *Il livrera leurs rois entre tes mains, et tu feras périr leur nom de dessous les cieux, et nul ne pourra subsister devant toi, jusqu'à ce que tu les aies exterminés.* »

Chapitre IX. On voit dans ce chapitre que Moïse est obligé de jeûner pour apaiser Dieu, tant son peuple est détestable. Dieu est continuellement courroucé contre lui.

Chapitre XIII. Ce chapitre concerne les faux prophètes et ceux qui voudraient entraîner le peuple à l'idolâtrie. Il est extrêmement intéressant. Les faux prophètes doivent être *punis de mort*. Et non-seulement les faux prophètes, mais les *parents* les plus proches et les *amis* sont *menacés de mort* s'ils sont soupçonnés d'idolâtrie.

Mais il vaut mieux citer textuellement les versets :

Verset 6. « *Quand ton frère, fils de ta mère, ou ton fils, ou ta fille, ou ta femme bien-aimée, ou ton intime amie, que tu chéris comme ton âme, te voudra séduire, en te disant en secret : Allons et servons d'autres dieux, que tu n'as pas connus ni toi, ni tes pères;* »

Verset 8. « *N'aie point de complaisance pour lui, et ne l'écoute point, que ton œil aussi ne l'épargne point et ne sois point touché de compassion pour lui, et ne le cache point.* »

Verset 9. « *Mais tu ne manqueras point de le faire mourir ; ta main sera la première sur lui pour le faire mourir, et ensuite la main de tout le peuple ;* »

Verset 10. « *Et tu l'assommeras de pierres et il mourra.* »

Et plus loin :

Verset 13. « *Quelques méchants garnements sont sortis du milieu de toi, qui ont voulu séduire les habitants de leur ville, disant : Allons, et servons d'autres dieux que vous n'avez pas connus,* »

Verset 15. « *Alors tu en feras une exacte recherche, et tu t'informeras et t'enquerras soigneusement ; et si tu trouves que ce qu'on a dit soit véritable et certain, qu'une telle abomination se soit faite au milieu de toi,* »

Verset 15. « *Tu ne manqueras point de faire passer les habitants de cette ville au fil de l'épée, et tu les détruiras à la façon de l'interdit, avec tout ce qui y sera, faisant passer même ses bêtes au fil de l'épée.* »

Verset 16. « *Tu assembleras au milieu de la place tout son butin, et tu brûleras entièrement cette ville et tout son butin, devant l'Eternel son Dieu, afin* qu'elle soit à toujours un monceau de ruines, et qu'on ne la rebâtisse plus. »

Ce n'est pas un légat de l'*Inquisition* qui a inventé le premier les monstrueuses paroles prononcées pendant le massacre de Béziers : « *Tuez tout : Dieu saura reconnaître les siens.* »

Chapitre XIV, 21. « *Vous ne mangerez d'aucune chair de bête morte d'elle-même ; mais tu la donneras à l'étranger qui est dans tes portes, il la mangera, ou tu la vendras à l'étranger. Car tu es un peuple saint à l'Éternel ton Dieu.* »

Exorde XXII, 31. « *Vous me serez saints et vous ne mangerez point de la chair déchirée aux champs par les bêtes sauvages, mais vous la jetterez aux chiens.* »

De ces deux versets les rabbins concluent que les non-Juifs ou étrangers sont placés au-dessous des animaux. C'est une des colonnes de leur *Talmud*.

Quant à l'égalité, M. Weill la fait découler du livre des *Nombres*. Il se base sur le *chapitre*

XVI, *verset 22.* Nous y lisons vraiment que Moïse et Aaron, le visage prosterné contre terre disent : « *Dieu des esprits de toute chair !* » mais un lecteur chrétien plus habile que nous y découvrira peut-être ce que nous n'avons pu y trouver : le principe de l'*égalité* entre les hommes. Qu'on juge des principes de *liberté* et d'*égalité* développés dans ce chapitre. Citons encore :

Versets 1 et 2. « *Or Coré, fils de Jisthar, fils de Kéhath, fils de Lévi, fit une entreprise avec Dathan et Abiron, enfants d'Eliab, et On, fils de Péleth, enfant de Ruben ;*

Et ils s'élevèrent contre Moïse avec deux cent cinquante hommes des enfants d'Israël, qui étaient des principaux de l'assemblée, et qu'on appelait pour tenir le conseil, et qui étaient des gens de réputation. »

Verset 31. « *La terre qui était sous eux se fendit.* »

Verset 32. « *Et la terre s'entr'ouvrant les engloutit avec leurs familles, et tous les hommes qui étaient à Coré, et tout leur bien.* »

Verset 33. « *Ils descendirent donc, eux et tous ceux qui leur appartenaient, vivants dans le gouffre, et la terre les couvrit, et ainsi ils périrent du milieu de l'assemblée.* »

Verset 35. « *Et le feu sortit de la part de l'Eternel et consuma les deux cent cinquante hommes qui offraient le parfum.* »

Verset 41. « *Or, dès le lendemain, toute l'assemblée des enfants d'Israël murmura contre Moïse et Aaron, disant : Vous avez fait mourir le peuple de l'Eternel.* »

Versets 44 et 45. « *Et l'Eternel parla à Moïse disant : Otez-vous du milieu de cette assemblée, et je les consumerai en un moment.* »

Versets 47, 48 et 49. « *Et Aaron prit l'encensoir, comme Moïse lui avait dit, et il courut au milieu de l'assemblée, et voici que la plaie avait déjà commencé sur le peuple. Alors il mit du parfum et il fit propitiation pour le peuple.*

Et, comme il se tenait entre les morts et les vivants, la plaie fut arrêtée.

Et il y en eut quatorze mille sept cents qui moururent de cette plaie, outre ceux qui étaient morts pour le fait de Coré. »

Maintenant que nous savons à quoi nous en tenir sur les idées émancipatrices de *liberté* et *d'égalité* contenues dans ce fameux chapitre, passons à une autre question.

Les Juifs en France sont-ils *talmudistes ?*

M. Weill dit à la page 45 de son opuscule :

« Il n'y a plus, dans les pays où les Juifs vivent émancipés, cinquante Juifs connaissant l'hébreu et les lois de Moïse. Ceux qui savent l'hébreu sont des malheureux qui sont les familiers et les flagorneurs des millionnaires ignorants et outrecuidants. »

En lisant l'article déjà cité de M. Weill sur le baron *Meyer-Charles de Rothschild*, on pourrait se demander s'il est lui-même un de ces hébraïsants « flagorneurs » des millionnaires dont il parle dans son livre. Or le *Talmud* répond : « *Qui étudie le Talmud devient trom-*

peur » (1), et le rabbin *Ismaël* dit : « *Un Juif qui étudie le Talmud pour ce qui concerne l'argent deviendra certainement riche.* » Comme ils doivent être pauvres et honnêtes, tous ces Juifs qui ne connaissent pas le *Talmud* ! Cependant M. Weill dit que ces « ignorants » sont « riches » (2). Sont-ils honnêtes ? Ce n'est pas notre affaire. Du reste, nous avons vu que deux des *barons de Rothschild* étaient ou sont des *talmudistes distingués*, de *pieux israélites* ; ils ne sont pas les seuls.

M. Weill dit encore : « Les Juifs ont adopté tous les vices des chrétiens et les ont exagérés. » Nous ajouterons que, pour hâter l'arrivée du *Messie*, il faut démoraliser les chrétiens autant que possible, car « *avant l'arrivée du Messie, l'impiété des chrétiens se répandra dans le monde* » (3). Comme ils attendent avec impa-

---

(1) Traité Sota. XIX. 21 b.
(2) Traité Baba bathra, 175 b.
(3) Traité Sota. XIX, 49 b.

tience cette arrivée, ils doivent faire tous leurs efforts pour la hâter.

M. *Henri Ellenberger*, Juif savant qui connaît parfaitement le *Judaïsme*, dit dans son « *Geschichteliche Handbuche* (1) : « Il n'existe plus que des Juifs *Schulchan-aruch* » ; or le *Schulchan-aruch* est la quintessence du *Talmud*.

Moïse dit en toutes lettres que Dieu a créé l'homme pour cultiver la terre et tout ce qu'elle contient ; c'est M. Weil qui le rappelle à la page 11. Voici la réponse du *Talmud* :

« *Il n'y a pas de plus misérable occupation que l'agriculture* » dit le rabbin *Eliézer* et il ajoute : « *Si un Juif a cent écus pour faire des affaires, il peut se permettre chaque jour de manger de la viande et de boire du vin et il peut vivre dans un palais ; mais s'il place des milliers d'écus dans l'agriculture, il sera obligé de manger des légumes avec du sel, d'habiter une pauvre cabane et de dormir sur la terre.* »

En Russie, l'empereur Nicolas avait donné

(1) Buda-Pest, 1883, page 47.

des terres aux Juifs et formé des villages d'agriculteurs. Tout autocrate qu'il était, il lui fut impossible d'en faire des cultivateurs : ils sont tous trop bons *talmudistes* pour cela. En France y a-t-il beaucoup d'agriculteurs juifs qui *travaillent* eux-mêmes dans les champs ? Faire cette question, c'est y répondre, et la réponse nous montre clairement que les Juifs pratiquent le *Talmud*, en France, comme ailleurs. Qu'en pensez-vous, lecteurs français ?

A la page 55, M. Weill dit : « Toute notre littérature, journaux, académie, romans, théâtre, n'est que du *fumier* humain, » et il ajoute : « Ce n'est pas la tête qui travaille. » Nous partageons à peu près les idées de ce monsieur. Nous supposons qu'il veut dire que la plupart des journaux politiques, amusants, et revues plus ou moins littéraires, ont surtout pour but de démoraliser, de dépraver, d'abrutir notre peuple, pour hâter la venue du « *Messie* » et, si possible, pour asservir complètement la nation française. Les actionnaires juifs qui les possèdent savent que l'ignorance doit être soigneusement entretenue, comme étant le meilleur agent de dégradation et la meilleure préparation à l'esclavage. Si ce n'est pas l'idée de ce Juif, c'est la nôtre, et son livre a le même but, celui de tromper l'opinion publique, de donner une idée complètement fausse de la religion *juive*, qui n'est pas *mosaïste*, mais qui est devenue *talmudiste* dans toute l'Europe.

Sa brochure et ses articles ne sont, suivant son élégante expression, que du « fumier » et ne peuvent s'adresser qu'à des ignorants. Dans tout ce fumier c'est la « tête » juive qui « travaille » et même qui travaille beaucoup et avec succès. Tous les moyens sont bons aux Juifs pour ce « travail »; *leur Talmud* leur permettant tout contre les chrétiens, ils peuvent prendre leurs coudées franches. Déjà ils rêvent la réalisation de leur prophétie, savoir qu'à partir de l'an 1900 ils gouverneront le monde et que la terre avec tous les peuples leur sera soumise. Alors ces peuples seront devenus véritablement des « *animaux à forme humaine.* » Ils attendent ce bienheureux moment avec impatience et se réjouissent d'avance de voir bientôt les guerres d'extermination qui éclateront avant cette date, et qui devront leur faire atteindre leur but. Écoutez comment ce doux et pacifique M. Weill célèbre ce beau rêve (p. 45 et 46.) :

« Dans le prochain choc universel entre les armées *aryennes*, dont les unes idolâtres et les autres athées, et qui tout en étant de la même race aryenne, s'extermineront jusqu'au dernier et feront en une année, un désert — seul le *mosaïsme* pur survivra à toutes les religions et à toutes les révolutions. » Elle n'est pas souriante la perspective que nous réserve le *mosaïsme pur* de M. Weil. Du reste, nous avons trouvé la même idée imprimée dans différentes langues.

L'abbé *Lémann*, juif converti, devenu chrétien et prêtre, également instruit des deux sociétés et des deux croyances, « fils de l'une par la chair, fils de l'autre par la foi, tendre pour les deux, » ne peut se défendre de les unir au fond de son cœur dans un même et ardent amour. Il dit : « On ignore presque généralement de quelle manière les Israélites sont entrés dans la société moderne pour en devenir les *membres* et bientôt les *maîtres.* »

« Deux phénomènes gigantesques sont devant tous les yeux : la prépondérance croissante de la race juive et la crise attristante des Etats chrétiens. »

Avant la révolution (comme maintenant) et admirablement organisée :

« Les Israélites formaient une *nation à part*, impénétrable, réfractaire à toutes les fusions, qui depuis dix-huit siècles avait traversé tous les peuples sans s'y mêler. Etait-ce prudent d'introduire cette *nation armée et hostile* dans une *nation désarmée et confiante ?* ».

« En entrant ainsi dans une société tout imprégnée de christianisme, le Juif, dit pittoresquement cet auteur, gardait *le pernicieux Talmud* caché sous ses vêtements. » Le bon abbé a-t-il oublié que « *les Juifs ressemblent aux poissons, lesquels ne peuvent vivre sans eau ? De même les Juifs ne peuvent vivre sans Talmud* (1). »

Suivant l'abbé *Lémann* « nous approchons du temps où les destinées d'Israël doivent s'accomplir, » c'est-à-dire où les Juifs doivent gouverner la terre. Les Juifs alors se réconcilieront avec le reste du monde, ils deviendront chrétiens, la France sera l'instrument et le lien de cette réconciliation. Voici les paroles de M. *Lémann* :

« La France doit être le pays mystérieusement choisi pour l'achèvement des destinées d'Israël. » Il croit avec le prophète Osée que le

1) Traité XIII. Aboda Zara, 3 b.

peuple juif, peuple royal, longtemps sans sol et sans prince, finira par la monarchie en retrouvant son roi, et que cette solution interviendra « quand l'Eglise subira la grande tribulation, quand elle sera humiliée, vilipendée, persécutée ; quand l'excès des maux se fera sentir ; quand on ne pourra plus aller et venir sûrement. »

Dans son ouvrage intitulé « Les Juifs », l'abbé *Lémann* a encore des phrases comme celles-ci :

« La terre promise est la terre de France. On est frappé des mystérieuses harmonies que Dieu s'est plu à établir entre la France et la Judée.

« Toutes les deux, les plus heureusement situées et les deux plus belles régions que le soleil éclaire dans sa course.

« Toutes les deux, centres du monde et de la vie des nations, l'une dans les temps anciens, l'autre dans les temps nouveaux.

« Toutes les deux présentant aux regards de l'histoire les deux plus augustes familles qui aient jamais régné : Ici David avec sa postérité ; là, Clovis, Charlemagne, saint Louis et leurs descendants, etc.

« Toutes les deux habitées par deux peuples supérieurs à tous les autres. »

Un renard ne dirait pas mieux. Messieurs les corbeaux sont avertis ; ils peuvent remercier.

M. *Weill* extermine tout, excepté les *mosaïstes purs;* M. l'abbé *Lémann* sauve tout le monde : tous les deux visent au même but, le triomphe des Juifs pour l'année 1900. O sage *Rabbi Schabti* (de Varsovie, 16ᵐᵉ siècle), les sages d'Israël suivent vos conseils (1).

---

(1) Le rabbin *Schabti Hallévi* de Varsovie, dans son livre *Qoroth Israël* (Schaar 2, année 5310, c'est-à-dire 1550) recommande à ses coreligionnaires, sous le rapport du partage en deux de l'Eglise catholique : « Que les sages d'Israël s'appliquent à augmenter les querelles des Nazaréens quand le feu commencera à brûler, car, dit-il, lorsque les *chiens* s'entre-déchirent, ils laissent les petits moutons en repos. »

Les chiens sont les chrétiens, les petits moutons sont les Juifs !

V

LES JUIFS A TRAVERS L'HISTOIRE

> « *Notre histoire est saine, mais nullement sainte.* »
> (Weill, p. 30.)
> Nous ajoutons : « *Les Juifs conservent religieusement toutes leurs traditions.*
> *Les nations sans traditions sont des arbres sans racines.* » (O. Gréard.)

Abraham et sa tendre épouse *Sara* chassent *Agar* avec son fils *Ismaël* dans le désert. Ce fut la souche des Arabes. D'où haine mortelle à travers les siècles entre les Arabes et les Juifs : les chrétiens d'Algérie n'y sont pour rien, au contraire.

Isaac est trompé par sa femme et son fils *Jacob*; le pauvre *Esaü* perd son droit d'aînesse et se dirige du côté des Indes.

Dix des fils de *Jacob* vendent leur frère *Joseph*, et « par amour de la paix, » les dix mentent au papa. Jusqu'ici, en effet, nous ne voyons guère la *sainteté* de l'histoire juive. Poursuivons.

Les descendants de *Jacob* ennuient tellement les Pharaons, que ceux-ci ne savent comment s'en défaire. Ils les font travailler à des constructions, ce qui n'empêche pas leur nombre d'augmenter toujours et de devenir une menace pour l'Egypte ; les persécutions augmentent, ils s'enfuient de l'Egypte. Quoique M. Weill prétende qu'il n'y a pas de miracles dans leur histoire, le passage de la mer Rouge en est certainement un.

Le chapitre XXIX du *Deutéronome* en est rempli. Lisez le verset 5 :

« *Je vous ai conduits quarante ans par le désert*

sans que vos vêtements se soient usés sur vous, et sans que ton soulier se soit usé sur ton pied. »

Voilà certainement un miracle, ou les fabriques de ce temps-là valaient mieux que celles de maintenant.

Les Egyptiens avaient certainement tous les torts, cependant Moïse dit aux Hébreux, (Deutéronome, IX, 8) :

« L'Eternel se met en colère contre vous, afin de vous détruire. »

Dieu dit encore à Moïse :

CHAPITRE IX, v. 13. « *C'est un peuple de cou roide* » ; v. 14 : « *Laisse-moi, et je les détruirai, et j'effacerai leur nom de dessous les cieux; mais je te ferai devenir une nation plus puissante et plus grande que celle-ci.* »

V. 22. « *Vous avez fort irrité l'Eternel.* »

V. 24. « *Vous avez été rebelles à l'Eternel depuis le jour que je vous ai connus.* »

V. 25. « *Je me prosternerai donc devant l'Eternel quarante jours et quarante nuits durant lesquels je me prosternerai, parce que l'Eternel avait dit qu'il vous détruirait.* »

V. 27. « *Ne regarde point à la dureté de ce peuple ni à sa méchanceté, ni à son péché.* »

CHAPITRE X, v. 10. « *Je me tins donc sur la montagne, comme j'avais fait la première fois, quarante jours et quarante nuits, et l'Eternel m'exauça encore cette fois-là ; ainsi l'Eternel ne voulut point te détruire.* »

Le cadre de cet ouvrage ne nous permet pas de nous étendre sur l'histoire des Juifs, mais pour bien démontrer comme ils tiennent à leurs traditions, nous citerons des faits, des opinions, des jugements divers.

De *Moïse* à *Salomon*, c'est une période de guerres continuelles. Le règne de *Salomon* est un temps de repos. Après lui deux royaumes se forment : Dix tribus se détachent et forment celui d'*Israël*, les deux autres celui de *Juda*.

Jusqu'à leur chute, ces royaumes sont toujours en guerre, soit entre eux, soit avec leurs voisins.

Le royaume d'*Israël* ou de *Samarie* succombe le premier. **Salmanazar**, roi d'Assyrie, emmène en différentes fois les Juifs à Ninive, et finit, après la prise de Samarie, par les disperser dans les provinces de l'empire, vers l'an 721. (2 Rois, XV, 8 à 31 — XVII, 1 à 23).

Le sort du royaume de Juda fut aussi pitoyable. Des guerres, des meurtres, voilà à peu près son histoire pendant plus de 300 ans.

Les guerres contre *Nabuchodonosor* mettent fin au royaume de Juda.

C'est vers cette époque que se place l'histoire de *Judith*. Elle passa une nuit dans une orgie avec le général en chef de l'armée de *Nabuchodonosor*, nommé *Holopherne*. Celui-ci s'étant endormi sur le matin, elle lui trancha la tête et porta ce sanglant trophée à Béthulie. L'armée sans chef fut défaite et le siège de Béthulie levé.

Cette histoire ne pouvait guère inspirer une grande sympathie aux Babyloniens. *Nabuchodo-*

nosor assiégea Jérusalem et la prit deux fois, en 606, puis en 587.

Les pauvres Juifs ne furent pas traités avec douceur par les Assyriens. Le roi *Sédécias* s'étant révolté contre le roi de Babylone dont les armées envahirent le royaume de Juda, Jérusalem subit un siège terrible, accompagné de toutes les horreurs de la guerre, de la famine et de la peste. La ville fut prise et détruite par le fer et le feu; le temple de *Salomon* s'écroula dans les flammes. Tous les monuments furent pillés ou consumés. *Sédécias* saisi dans sa fuite, eut les yeux crevés après avoir vu sa famille massacrée par les Babyloniens (587).

Il y eut au moins quatre déportations sous le règne de *Nabuchodonosor*. Quand on parle de la *captivité* de Babylone, il faut remarquer que tous les Juifs n'ont pas été emmenés à Babylone même : il faut entendre sous ce nom l'empire de Babylone.

Cyrus, après s'être emparé de Babylone, publia un édit (536) qui permettait aux Juifs de rentrer dans leur patrie. Environ quarante mille profitèrent de l'édit, les autres préférèrent la Babylonie à la Palestine.

Aman, ministre d'*Assuérus* (*Darius*, fils d'*Histaspe*), roi de Perse, 3me successeur de *Cyrus*, fort embarrassé des Juifs, et ne sachant comment les faire retourner dans leurs pays, ne put y réussir ; le savoir-faire des Juifs l'en empêcha, car *Mardochée* eut l'adresse de faire reine sa charmante nièce *Esther*, qui devint l'épouse d'*Assuérus*. Avec l'aide d'*Esther*, il supplanta *Aman* et devint premier ministre du roi des Perses. Grâce à son influence, les Juifs purent reconstruire Jérusalem et rebâtir le Temple qui fut achevé en 516.

La Judée, pendant la *Captivité*, était devenue presque un désert, rempli de bêtes fauves et même de lions en grand nombre. A peine les lions qui l'infestaient eurent-ils disparu devant les colonies juives que les rois de Perse y établissaient, que les guerres, les émeutes et les crimes recommencèrent.

En 70 après Jésus-Christ, Jérusalem prise par *Titus*, la ville ainsi que le peuple sont détruits.

Après une nouvelle révolte des Juifs, l'empereur Adrien les dispersa et fit bâtir une ville à peu près sur l'emplacement de Jérusalem, sous le nom *Ælia-Capitolina*, dont le séjour fut interdit aux Juifs, qui ne pouvaient y entrer qu'en payant un impôt.

Bientôt leur séjour à Rome fut une charge pour les Romains.

Déjà sous Néron, ils avaient pris à ferme les jardins publics, les sources sacrées, les bosquets, les temples, et ils s'enrichissaient dans ces affaires. Mais après la conquête de la Palestine, et la destruction de Jérusalem, ils furent dispersés par toute la terre et devinrent pour tous les peuples au milieu desquels ils s'établirent une véritable plaie, par leurs exactions, leurs intrigues et surtout par l'usure. Du temps de Néron, *Juvénal* dit déjà (IIIe Satire), sous Néron :

Nunc sacri fontis nemus et delubra locantur
Judæis, quorum cophinus fœmusque supelle.

« Maintenant nos bois sacrés et nos temples sont loués
« Par les Juifs, qui font de l'usure un instrument d'exploitation. »

Trois siècles plus tard, le préfet *Rutilius Numatianus* se plaint de leur dispersion parmi les peuples et les compare à une véritable peste :

Atque utinam nunquam Juda subacta fuisset,
Pompeii armis imperiique Titi,
Latius excisa pestis contagia serpunt,
Victoresque suos natio victa premit.

« Ah ! si la Judée n'avait jamais été soumise
« Ni par les armes de Pompée, ni par la puissance de Titus,
« Maintenant ne se répandrait pas le poison de cette peste de circoncis,
« La race vaincue n'opprimerait pas ses vainqueurs ! »

C'était parler hardiment ; les Romains osaient le faire, les Juifs n'étant pour eux que des usuriers.

Dans la pensée de *Rutilius*, c'est un vrai

cordon sanitaire ou plutôt une *muraille de la Chine* qu'il eût fallu établir autour de la Judée.

Avec *Rutilius*, nous voilà arrivés à la fin de l'histoire ancienne. *Deux mille années* se sont écoulées depuis que les Hébreux ont été obligés de s'enfuir de l'Egypte.

Toute cette histoire est des plus tristes.

En Palestine ils sont presque toujours en guerre. Les Assyriens et les Babyloniens les emmènent en esclavage. Les Egyptiens et les Syriens leur font des guerres longues et cruelles. Puis les Romains détruisent leur ville et les dispersent parmi les peuples. Ainsi partout on les voit redoutés et détestés ; on les compare même à la *peste*.

Au moyen-âge, ils sont assez habiles.

En France, ils s'emparent d'une grande partie du territoire, et même en partie de l'Université. Cela se termine par des persécutions et enfin par leur expulsion en 1394.

En Espagne, leur rôle est encore plus considérable. Par leurs richesses ils y acquièrent une influence énorme. Plusieurs se font chrétiens de *circonstance* et arrivent à gouverner ce pays. Le grand ministre *Ximénès* en délivra sa patrie et les expulsa en 1492.

L'Angleterre les renvoya également.

Les Juifs tentèrent inutilement de pénétrer en Russie, les tzars s'y opposèrent toujours ; mais ils furent plus heureux en Pologne.

Un jour quelques Juifs vénérables à barbe blanche se présentèrent au roi Casimir III (1), dit le Grand ou le Sage, accompagnés de dix belles jeunes filles tenant chacune un grand plateau en argent chargé de ducats nouvellement frappés. Ils lui offrirent ce magnifique présent. Adieu la sagesse du roi ! Les yeux des Juives fascinèrent le vieux souverain qui accepta les ducats pour avoir les belles filles, et accorda aux Juifs la permission d'habiter la

---

(1) *Casimir III le Grand* né le 30 avril 1310, couronné le 25 avril 1333, mort le 5 octobre 1370.

Pologne. L'histoire d'*Assuérus* se renouvela. L'une des dix, appelée en polonais *Estherka* ou la *petite Esther*, s'empara tellement de l'esprit du vieux monarque qu'elle devint la vraie reine de Pologne. Elle donna au roi trois fils qui furent nobles polonais. De sa femme il n'avait eu que des filles.

On connaît le vers de Voltaire :

« Quand Auguste buvait, la Pologne était ivre. »

Les Juifs et les Juives devinrent donc à la mode, si bien que 400 ans de Juifs aidés de 300 ans de Jésuites ont suffi pour anéantir la nation polonaise. Il y a sans doute encore des Polonais, mais ce sont des *unités* : depuis longtemps il n'y a plus de *nation polonaise*. Une nation est un corps organisé : la noblesse en est la tête, le tiers-état en est le corps, les paysans et les ouvriers en sont les membres. Depuis des siècles, en Pologne, les Juifs sont le tiers-état : ils séparent complètement la noblesse des paysans, la tête des membres.

Un proverbe disait il y a quelques siècles :

« La Pologne est le paradis des Juifs et l'enfer des paysans, »

maintenant on pourrait dire que c'est l'enfer des uns et des autres, car ils y sont si nombreux que c'est pitié de voir les Juifs pauvres, pâles, maigres et presque mourants de faim. Cependant, ce sont les Juifs qui possèdent presque tout, seulement ils ne veulent pas travailler.

L'Allemagne, pendant tout le moyen-âge, conserve les Juifs, mais les tient sévèrement séquestrés dans leurs *ghettos*, d'après ce qu'ils disent eux-mêmes.

Les temps modernes s'ouvrent tristement pour les Juifs ; la Pologne seule est leur *terre promise* : heureusement elle est assez vaste, puisqu'elle s'étend de la Baltique à la mer Noire.

Pendant les trois mille ans qui se sont écoulés depuis leur fuite d'Egypte, on a vu que tous les peuples avec lesquels les Juifs ont été en rapport les ont toujours persécutés, enfermés, battus, chassés, maudits.

De fait, dans les livres et les gazettes publiés de nos jours, on nous représente toujours ce peuple de *saints* persécuté et victime partout et dans tous les temps. Que faut-il en conclure ?

Les Grecs répondraient par leur proverbe :

« Les *méchants* trouvent les bons très *méchants*. »

Chose remarquable, la Réforme et la Renaissance n'ont rien changé quant aux rapports des peuples de l'Europe avec les Juifs. Au contraire, les luttes contre les Juifs ont été plutôt favorisées par ces deux grands faits de l'histoire. Cela paraît incompréhensible à beaucoup, et cependant cela devait être. Les livres et les lumières se répandant avec l'imprimerie, on peut mieux apprécier la religion des Juifs et connaître leur *Talmud*, où se trouve l'inspiration de leur conduite, de leur caractère et la source de leurs malheurs. Ainsi que le dit M. l'abbé *Lémann*, juif converti, on vit en eux « *une nation armée et hostile dans des nations désarmées et confiantes.* » Les souverains chrétiens de l'Europe, chaque fois qu'ils s'aperçurent de cet esprit « *hostile* », prirent à leur égard des mesures plus ou moins efficaces.

En 1565, les Juifs font imprimer à Venise pour la première fois le *Schulchan Aruch;* il fut aussi imprimé à Amsterdam en 1646. C'est de ce livre, qui contient les prescriptions du Talmud et les commentaires des rabbins, que sont tirées les lois des Juifs concernant leurs rapports avec les non-Juifs.

En 1550, le Rabbin *Schabti Hallévi* (de Varsovie) faisait imprimer un livre dans lequel il recommandait aux sages d'Israël de s'appliquer à « *augmenter les querelles des Nazaréens quand le feu commencera à brûler; car, quand les chiens s'entre-déchirent, ils laissent les agneaux en repos.* » Ce rabbin avait de l'expérience. Les

Juifs avaient agi ainsi en Pologne, on sait avec quel succès à la fin du xviiie siècle, leur œuvre était accomplie.

Pendant toute la durée des temps modernes, les Allemands furent sévères pour les Juifs. L'abbé *Lémann* dit : « Il n'y a pas plus de cinquante ans que dans certaines villes de l'Allemagne, on lisait encore à l'entrée de la promenade publique cette inscription : *Défense aux Juifs et aux cochons d'entrer ici.* »

M. l'abbé qui connaît sans doute le « *pernicieux Talmud* », puisqu'il le qualifie lui-même ainsi dans son livre, oublie de dire que le *Talmud*, encore actuellement, place les *cochons* avant les *Akum* ou chrétiens (Voir § 225) : les Allemands d'il y a cinquante ans étaient donc plus polis que les Juifs.

Il y a quelques années, on a élevé par souscription un monument à *Luther* dans la ville de Worms. Un Juif bavarois envoya pour l'érection du monument un billet de mille francs avec ces mots :

« Pour Luther, le grand champion de la liberté et du droit, l'homme de la science, l'homme franc, sans déguisement, sans défaut. »

De différents côtés on entend dire que le protestant est à demi Juif ou qu'en quittant le catholicisme il fait un pas vers le judaïsme. Ce que le Juif bavarois écrivait pouvait le faire supposer, mais ce sont des erreurs que nous n'aurons pas de peine à démontrer.

Luther, il est vrai, fut favorable aux Juifs, mais il apprit à les connaître. Il savait parfaitement l'hébreu et il est presque certain qu'il avait lu le *Talmud*. Voici du reste comment il juge les Juifs dans ses œuvres (Edit. de Wittemberg en 5 vol.)

Dans le chapitre 34 de ses Propos de table, il est question d'eux et de leurs fourberies. On y lit :

« Aussi peu un chat peut aimer une souris, aussi peu un Juif peut aimer un chrétien. »

Voici ce qu'il dit des médecins juifs :

« Les Juifs qui se donnent comme médecins tuent les chrétiens et détruisent leurs biens, car ils croient faire une chose agréable à Dieu s'ils peuvent faire disparaître les chrétiens de ce monde. »

Dans un autre endroit :

« C'est un peuple nuisible, il détruit tout par l'usure ; quand il donne 1000 florins à l'autorité, il en soutire 20000 aux pauvres classes inférieures. »

Dans son écrit : « *Des Juifs et de leurs mensonges,* » il dit :

« Jusqu'à ce jour, nous ne savons quel diable les a apportés dans le pays, nous ne sommes pas allés les chercher à Jérusalem. De plus personne ne les retient. Le pays et les routes leur sont ouvertes, ils peuvent s'en aller dans leurs pays, s'ils le veulent, nous leur ferons avec plaisir des cadeaux pour en être débarrassés ; car c'est un lourd fardeau pour notre pays, c'est comme une plaie, une peste, une vraie *calamité*. »

Dans les pages 454 et 540, *Luther* appelle les Juifs : *Juifs damnés, jeunes diables, destinés aux enfers, enfants du diable*. Il recommande de brûler leurs livres.

Après ce qui précède, on peut voir que Luther, avec ses opinions, ne pouvait être favorable aux Juifs. Ayant sans doute lu leurs livres, il partageait l'opinion du rabbin *Eliezer*, fils d'*Albinas*, qui dit :

« Toutes les *plaies* dans ce monde proviennent des Juifs. » (*Voir Jebamoth*, 63 a.)

Seulement *Luther* les envoie en enfer pour en délivrer la terre, tandis que ce rabbin, lui, les laisse sur la terre, afin qu'elle devienne un enfer pour les non-Juifs.

La différence entre le Judaïsme et le Protestantisme est plus grande encore que celle qu'il y a entre le Judaïsme et le Catholicisme.

Le Protestantisme nous enseigne ceci :

« Il ne suffit pas de prier, il faut faire la volonté de Dieu. » (Evangile, S. Matthieu, VII, 21). « La foi sans les œuvres est morte. » (S. Jacques, II, 17.)

Il dit encore :

« Ne mettez pas la chandelle sous le boisseau » et : « Ne jetez pas les perles devant les pourceaux. »

Son paradis est ouvert à tous les honnêtes gens, quelle que soit leur secte.

Les Juifs, contrairement aux Protestants, ne prennent dans leur paradis aucun non-Juif.

Généralement, les Protestants ne mettent dans leur enfer que leurs canailles, quant à celles des autres sectes, ils ne s'en inquiètent guère.

Les Juifs ont un enfer très vaste, où ils placent tous les non-Juifs. Cet enfer contient très peu de Juifs, parce qu'Abraham y vient chaque matin : ils s'accrochent à sa robe et profitent pour s'en échapper.

Quant aux chrétiens, les Juifs leur ont préparé une division toute particulière. Là, avec Jésus-Christ, ils sont bouillis éternellement dans des chaudières remplies d'excréments humains.

Cependant il est à supposer que les chrétiens utiles aux Juifs, comme académiciens, littérateurs, journalistes qui auront bravement travaillé à démoraliser les chrétiens, y auront un compartiment spécial placé au-dessous du paradis des banquiers où règnera une douce chaleur.

Quant aux chrétiens mariés à des Juives, s'ils ont été bien soumis, bien obéissants à leurs femmes, et s'ils ont bien travaillé à l'avancement du règne du Messie, ceux-là auront probablement leur enfer au-dessous du paradis de leurs épouses et pourront revoir ce qui a fait leur bonheur sur la terre.

Cependant nous ne répondons pas de ces divisions de l'enfer des Juifs pour ces deux dernières divisions : il est si difficile de connaître les hommes et les Juifs en particulier.

Quant aux chaudières il n'y a pas d'erreur. (Voir xxv, 151.) Si nous supposons des subdivisions destinées à leurs acolytes chrétiens, c'est que nous lisons dans le *Traité XIX* (*Sota, 49 b.*) : « *Avant l'arrivée du Messie, dépravation des chrétiens.* » Comme toute peine vaut salaire, il est hors de doute que nombre de chrétiens mériteraient d'aller dans le paradis des Juifs, à cause des services qu'ils leur ont rendus ou leur rendent encore. Mais la loi ne le permet pas, elle autorise seulement les Juifs à *démoraliser* les chrétiens par tous les moyens possibles.

VI

CONCLUSION

Voulez-vous lutter contre l'envahissement des Juifs? Apprenez d'eux :

1° *Les raisons de leurs succès,*
2° *Ayez les mêmes qualités,*
3° *Au besoin les mêmes défauts,*
4° *Ils ne sont pas inimitables;*
5° *Cela vaut mieux que de les maudire.*

F. M. (*Figaro* du 16 novembre 1886.)

Dans cette introduction, nous avons suivi le conseil donné par le *Figaro*. Nos lecteurs peuvent juger jusqu'à un certain point si nous

INTRODUCTION 93

avons réussi à nous rendre compte des « qualités et des défauts » des Juifs, de leurs succès et de leur énorme influence.

Qu'ils lisent maintenant les extraits du *Talmud*, ou plutôt du *Schulchan aruch*, qui est le suc extrait, la quintessence de cet ouvrage, et les raisons de la puissance juive leur deviendront lumineuses.

Les Juifs sont-ils inimitables ? Nous répondrons : « Non ! » La preuve c'est qu'il y a beaucoup de chrétiens qui ont adopté la morale de leur Talmud, et qui en pratiquent ouvertement les préceptes ; ceux-là vont de pair avec les meilleurs Talmudistes, je veux dire avec les plus riches d'entre les Juifs. Cependant nous sommes loin de conseiller aux chrétiens de suivre le Talmud : sous ce rapport les Juifs ne sont pas à imiter ; mais il est urgent d'apprendre à les connaître jusqu'au fond pour être à même d'opposer une digue à leurs envahissements. Un homme averti en vaut deux. Cela est vrai, surtout quand il s'agit de résister à une « nation hostile, armée de son *pernicieux Talmud* », répandue au milieu des chrétiens à qui on apprend dès l'âge le plus tendre l'abnégation, le pardon des offenses, le sacrifice, le renoncement, et à qui on dit pour suprême exhortation : « *Rendez le bien pour le mal,* » en oubliant celle-ci : « *Soyez prudents comme les serpents !* »

« *Le pernicieux Talmud est caché sous l'habit du Juif,* » dit l'abbé *Lémann,* qui aurait pu ajouter que le Juif prend n'importe quel habit pour mieux tromper. Suivant l'expression évangélique, c'est « le loup qui se déguise en brebis » afin de pénétrer plus facilement dans le troupeau qu'il doit ravager. Les habits du Juif sont de toutes formes et de toutes couleurs : il se fait ouvrier, militaire, curé, pasteur, etc., non seulement en France mais par toute la terre ; il est vrai qu'il est surtout marchand et qu'il se distingue toujours du commun des mortels, par la pratique des maximes du *Talmud*, à l'aide desquelles il hâte la venue du « Messie » et la ruine des chrétiens, car l'argent, le veau d'or, est le Dieu du *Talmud*. Tous les efforts juifs sont tendus vers cet idéal : devenir les maîtres de l'argent chrétien. Ils n'y réussissent que trop.

Ce livre, en effet, considère les non-Juifs comme des animaux. Or, on peut mentir à un animal, on peut le dépouiller ; dans l'esprit du *Talmud*, nous sommes la propriété du Juif, ainsi que nos biens et tout ce qui dépend de nous.

L'usure, dès lors, devient un devoir sacré, et toutes les ruses sont bonnes aux Juifs pour s'emparer de notre argent. Les grandes compagnies de chemins de fer, soutenues, formées par les Juifs, savent faire monter le taux de l'intérêt très-habilement : si la vie des voyageurs et la défense nationale étaient mieux garanties, passe encore ! Enfin la propriété foncière, dévorée par ce monstre de l'usure juive, est en train de passer à vil prix dans leurs mains insatiables.

Ne disent-ils pas eux-mêmes :

« *Sans Talmud, le Juif va en prison* » et : « *Sans Talmud, le chrétien est perdu.* » Ces deux dictons indiquent assez toute l'importance qu'ils attachent aux maximes de ce livre.

Les Allemands, eux, disent :

« La chute des Juifs est le salut des chrétiens. » Comme ils ont toujours eu des Juifs chez eux, il faut qu'ils aient de bonnes raisons pour désirer leur chute, car ils pourraient tout aussi bien dire :

« Le triomphe des Juifs est la perte des chrétiens. »

Voyez la Pologne, nous allions ajouter aussi la France et l'Autriche.

C'est donc le Talmud qu'il faut étudier pour bien connaître les Juifs, non pour les « imiter », mais pour comprendre le secret de leurs comédies, et par suite pour devenir prévoyants et prudents. C'est en devenant très défiants à leur égard, pour lutter efficacement contre eux, que nous ferons notre devoir de bons patriotes.

Mais il ne suffit pas seulement de connaître les Juifs, il faut encore que chez nos jeunes gens l'instruction et l'éducation à tous les degrés soient largement développées dans un sens pratique et utilitaire, sans pour cela négliger la haute culture intellectuelle et morale.

Ecoutons un peu ce que disaient nos pères là-dessus :

> « Ce que l'on apprend au berceau
> Dure jusqu'au tombeau. »
> (Proverbe français.)

> « Enseigner convient aux enfants
> Ce qui est de faire quand ils seront grands. »
> (Gabriel MEURIER, Trésor de sentences, XVIe siècle.)

Lisons aussi ce que Joseph Qaro écrit dans la préface de son *Schulchan aruch* :

« Je crois bien faire en partageant ce livre

en trente parties, afin qu'en en répétant une partie chaque jour, on répète son *Talmud* chaque mois.

« De plus, *les petits élèves* (de 4 à 7 ans) *doivent continuellement l'étudier et l'apprendre par cœur, afin que dès leur plus tendre jeunesse ils sachent couramment les lois pratiques et qu'ils ne les oublient plus dans la vieillesse.* Les sages brilleront comme les splendeurs du ciel si, quand ils se reposent de leurs affaires et de leurs pratiques, ils s'adonnent à l'étude de ce livre rempli d'agréments. »

Ainsi dès l'âge le plus tendre, le Juif apprend les lois PRATIQUES du *Talmud.* Chez lui pas d'amour-propre, pas de vanité : tout doit être PRATIQUE.

Qu'Elie trahisse un secret, Dieu lui donne *soixante coups de verge*; cela se grave dans la mémoire.

Un rabbin mange un *quintal de sel* à chacun de ses repas ; c'est que le sel aide à la digestion : *cent kilos* est un poids qu'on n'oublie pas.

Judith tue Holopherne : *son portrait* est dans toutes les maisons des juifs riches.

Ces images, ces expressions sont significatives et on ne peut plus pratiques : l'enfant ne les oubliera plus, une fois apprises.

Les Juifs ne *fabriquent* pas l'esprit de leurs enfants, mais ils le *forgent* en le *meublant* d'une foule de préceptes destinés à être appliqués aussitôt dans la vie réelle.

Quand, vers l'âge de dix à douze ans, les jeunes Juifs ont la mémoire bien bourrée de Talmud, s'ils montrent des capacités et désirent étudier, on les fait entrer dans les établissements d'instruction secondaire. S'ils sont trop pauvres, on les secourt.

Partout comme en France, l'*alliance israélite* vient en aide aux écoliers juifs qui manquent de ressources.

En Gallicie, les élèves juifs des lycées, écoles réales, écoles de commerce, sont très nombreux, ils forment plus de la moitié du nombre total des élèves.

Il serait à désirer qu'en France, le gouvernement (1), au lieu d'élever encore les frais énormes d'enseignement dans les lycées, mît l'instruction secondaire à la portée de tous les élèves pauvres des écoles primaires qui en seraient dignes. C'est une tristesse de songer que la France fasse si peu de sacrifices pour donner l'instruction secondaire ou professionnelle à tous les élèves bien doués, dont les familles ne peuvent s'imposer les énormes sacrifices que demande une telle instruction. Le magnifique mouvement d'enseignement primaire qui a placé la France à un si beau rang pour l'instruction semble, en effet, subir

---

(1) « La valeur d'un Etat est finalement la valeur des individus qui le forment. »
(J. S. Smiles.)

Nous avons le proverbe : « Tant vaut l'homme, tant vaut la terre. »

Suivons donc l'exemple des Juifs en instruisant nos jeunes gens bien doués. Que nos ministres soient ceux de la France et non les commis de la Juiverie et Cie. L'instruction est la force de l'avenir ; notre démocratie ne vivra que par elle.

un recul prononcé, quant à l'enseignement secondaire ; nos gouvernants paraissent avoir peur d'aider les *externes* à bénéficier de l'instruction donnée dans nos lycées. Nous voulons espérer qu'ils s'arrêteront dans cette voie et qu'ils ne voudront pas causer plus longtemps la joie des réactionnaires et des ennemis de la France.

Si, d'un autre côté, nous considérons le genre d'éducation qu'on donne aux jeunes Français, nous ne pouvons que reconnaître la vérité toujours actuelle de cette observation de *La Rochefoucauld* :

« L'éducation que l'on donne d'ordinaire aux jeunes gens est un second *amour-propre* qu'on leur inspire. »

Montesquieu a écrit :

« Nous recevons trois éducations différentes : celle de nos *pères*, celle de nos *maîtres*, celle du *monde* ; ce qu'on nous dit dans la dernière renverse toutes les idées des premières. »

C'est un grand malheur pour un peuple qui veut la liberté et la justice, que de manquer d'une règle unique d'éducation pour ses fils, car, dit encore Montesquieu :

« C'est dans le gouvernement républicain que l'on a besoin de toute la puissance de l'éducation. »

L'absence de cette règle de sagesse produit le mal dont parle La Harpe.

« L'éducation trop tôt terminée, la jeunesse trop tôt émancipée sont deux causes d'ignorance et de désordre qui existent en France beaucoup plus que partout ailleurs et qu'une triste expérience doit nous apprendre à éloigner. » Ce qui revient à dire que l'éducation devrait être intégrale, complète et pratique. Le bonhomme *Chryzale* disait déjà :

« Je vis de bonne soupe et non de beau langage. »

Aujourd'hui, hélas ! nous paraissons reculer. Comment avancerions-nous, lorsque la majorité de ceux qui nous gouvernent sont imbus de cette idée fausse et dangereuse, exprimée par un pédagogue éminent devenu député :

« Les lycées doivent rester avant tout des fabriques d'esprits. »

Si les esprits pouvaient se *fabriquer*, pourquoi M. Compayré ne compare-t-il pas plutôt les lycées à des couveuses artificielles ! Il serait plus près de la vérité, mais il s'éloignerait fort en affirmant qu'on n'y fait éclore que des aiglons : il en sort, hélas ! trop de pauvres hiboux que la lumière crue de la vie au grand jour fera se cogner comme inconsciemment à tous les pièges tendus par les oiseleurs pratiques instruits dans les règles du Talmud. Et le malheur pour toute la nation, c'est que ces « esprits fabriqués » deviendront eux-mêmes les agents de toutes nos administrations ! Comment ces « esprits » élevés en serre-chaude, ces mémoires surchargées de choses non vues, ces intelligences emmaillotées dans « l'idéal » grec et latin, seront-ils aptes à gouverner un pays ?

La seule chose vraiment pratique dans nos lycées, c'est la culture de la *vanité*. La « gloire, ainsi qu'on la nomme, y remplace le devoir. Au XVIIe siècle, l'éducation doublait « l'amour-propre » ; au XIXe, il développe la *vanité* de toutes les façons. Sous le nom « d'émulation » on arrose pieusement la précieuse plante d'une pluie de bons points, d'accessits, de prix, de médailles et même de couronnes distribués avec grands discours aux mots sonores, en des séances théâtrales. Les élèves « nommés et couronnés », les « bacheliers », les vainqueurs des concours, voient leurs noms imprimés dans tous les journaux et célébrés par toutes les trompettes de la renommée.

Plus tard la plante pousse une fleur qui s'épanouit en décorations ; la tige même ne meurt pas tout entière, elle est vivace et finit par se dresser en *socles de statues*. En moins de quinze ans, la France a élevé plus de *cent statues* à ses grands « hommes » et un mauvais plaisant a pu dire des Français, que c'est « un peuple de décorés dans un pays de statues. » Ne serait-il pas aussi « glorieux » pour la mémoire des « grands Français » de consacrer l'argent dépensé dans ces statues, à fonder des bourses qui porteraient leur nom et destinées à compléter l'éducation de plusieurs enfants pauvres? Ceux-ci à leur tour pourraient contribuer à la « gloire » de la France.

Il faut donc que nous sortions de ce point de vue qui commence à nous devenir si fatal sous tous les rapports. Suivons le conseil que M. Spuller nous donnait à la séance de clôture du *Congrès des sociétés savantes* en 1887 :

« Proclamons donc hardiment qu'après avoir passé tout un siècle à réclamer et à conquérir nos droits, il est temps de commencer à pratiquer nos devoirs. »

Puisque M. Spuller nous invite au « devoir »,

nous aimons à croire qu'il va pratiquer lui-même le sien, qui n'est pas, comme on lui en prête l'intention, d'augmenter de 800,000 francs la somme payée aux lycées par les familles, y compris bien entendu celles des externes, frappées davantage ; mais, au contraire, de diminuer autant que possible ces mêmes charges, surtout celles qui sont imposées aux externes.

Si M. Spuller veut bien chercher, il trouvera facilement les ressources nécessaires. Qu'il veuille bien nous permettre de lui en indiquer de sûres.

D'après les calculs du *Figaro* (n° du 6 juin 1887) le montant des voyages des députés et sénateurs en chemin de fer s'élèverait annuellement à la somme respectable de 11,688,623 fr. soit 13,639 francs pour chacun de nos 857 honorables. « Un vrai cadeau que leur font les grandes compagnies » ajoute le *Figaro*. Il oublie de dire que c'est sous le ministère de MM.

Ferry et Raynal (David) que ce beau cadeau a été fait à nos législateurs, qui l'avaient bien mérité en livrant nos chemins de fer aux grandes compagnies. La reconnaissance est une vertu juive, et M. Raynal l'a fait voir largement.

Eh bien ! que M. Spuller décide ses collègues de la Chambre et du Sénat à abandonner aux caisses de l'Etat une partie de ce « cadeau », ils sont sans doute assez patriotes pour ne pas lui refuser ce sacrifice (1), et il aura trouvé non-seulement des ressources pour couvrir les 800,000 francs dont il a besoin, mais encore pour fonder des bourses pour les élèves pauvres dont les aptitudes pourraient être développées dans nos lycées et pour entretenir le matériel scolaire et les bibliothèques.

(1) La nuit du 4 août 1789, les nobles renoncèrent à leurs privilèges, il est vrai qu'il n'y avait aucun Juif député aux Etats généraux : les chambres actuelles qui en comptent un grand nombre de très influents se montreraient-elles aussi patriotes que la Constituante ?

En effet, si au lieu de voyager gratis en 1re classe ils payent une 1/2 place de 3e classe, comme la proportion des prix de cette classe à ceux de la 1re est de 54 0/0, il y aura de ce chef pour le *trésor* un revenu de 11,688,623 $\times$ 0,27 = 3,056,000 fr.

S'ils étaient assez généreux pour payer une 3e classe tout entière, ce revenu se doublerait et serait porté à 6,112,000 fr. Dans ce dernier cas, il resterait assez d'argent pour couvrir les 4 millions que M. Rouvier se propose de demander aux communes pour l'instruction élémentaire, en réduisant à 10 millions la subvention de 14 millions qui leur est accordée.

Sans mettre davantage à l'épreuve le patriotisme pécuniaire des députés et des sénateurs, M. Rouvier qui certainement estime aussi « qu'il est temps de faire son devoir », trouverait encore une économie de 2 à 4 millions en s'abstenant de faire fabriquer la monnaie de nickel, une monnaie qui, par parenthèse, favoriserait singulièrement les filous et fripons par sa ressemblance avec l'argent.

Oui, « il est temps de pratiquer nos devoirs. Un des plus impérieux devoirs, c'est de ne pas mettre la lumière sous le boisseau ». C'est ce que nous avons essayé de faire dans cet ouvrage avec la conviction profonde d'être utile à notre cher pays.

« L'éducation n'est au fond qu'une habitude contractée de bonne heure », a dit Bacon. Donnons à nos enfants de bonnes habitudes pratiques, introduisons-les à l'école de l'expérience, et entrons hardiment dans la voie des réformes, dont l'une des plus importantes vient d'être signalée par l'*Académie de médecine*, qui, elle aussi, fait son devoir en proclamant que :

« Le grand ennemi est notre système d'internat. Le supprimer serait la vraie solution. »

C'est du surmenage et de la santé physique et intellectuelle que se sont occupés les membres des corps savants. Ils seraient tout autant dans le vrai en appliquant leurs conclusions au mouvement social et économique.

Puissent les pouvoirs publics comprendre aussi leur « devoir » et le « pratiquer » avec conviction, avec résolution et énergie !

31 septembre 1887.

Goré O' Thouma.

PREMIÈRE PARTIE

L'ESPRIT JUIF

OU

LES JUIFS PEINTS PAR EUX-MÊMES

PREMIÈRE PARTIE

CHAPITRE PREMIER

ANCIENNETÉ ET IMPORTANCE DU TALMUD

1.

Le Talmud a été créé avant l'univers (le monde) (1).

2.

Si le Talmud n'existait pas, le ciel et la terre ne pourraient subsister (2).

(1) Traité IV, Pesachim, 54.
(2) *Dito*, 68.

3.

Dieu dans le ciel étudie le Talmud en se tenant debout, tel est son respect pour le livre (1).

4.

S'il y a manque de pluie, c'est que le Talmud est trop peu étudié (2).

5.

Le rabbin *Joseph* était une fois allé au Ciel ; on lui demanda ce qu'il y avait entendu, il répondit : « On criait : Heureux celui qui a étudié le Talmud, suivi le Talmud, et est ici avec le Talmud (3). »

6.

Les Juifs qui meurent jeunes, Dieu les instruit, leur apprend le Talmud dans le Ciel. Quand il a fini, il (Dieu) s'assied sur un oiseau et parcourt 18,000 mondes (4).

---

(1) Traité Magilla, 21 a.
(2) Traité Taanith, 2 a.
(3) Baba Bathra, 10 b.
(4) XXIII Aboda Zara, 3. b.

7.

Au jugement dernier on sera puni pour ne pas avoir appris le Talmud (1).

8.

Qui n'apprend rien du Talmud ne ressuscitera pas au dernier jour (2).

9.

Une maison dans laquelle on n'apprend pas le Talmud le soir sera certainement détruite (3).

10.

Rabbin *Eliezer* dit : « Qui a oublié quelque chose du Talmud est cause que ses enfants vont en prison (4). »

11.

Qui prie longtemps a mal au cœur. Il vaut mieux étudier le Talmud (5).

(1) XXIV, Sanhédrin, 7 a.
(2) Kétaboth.
(3) XXIV. Sanhedrin, 92 a.
(4) IX Jomma, 38 b.
(5) Tr. de Bérachoth, 32 b.

12.

Lorsque Moïse arriva au Ciel, il entendit lire le Talmud, mais il n'y comprit rien. De chagrin il tomba en faiblesse, de sorte que Dieu dut lui venir en aide (1).

13.

Etudier le Talmud est plus que de sauver un homme de la mort, que de construire un temple, que d'honorer ses père et mère (2).

14.

Le Juif qui étudie le Talmud est si saint que celui qui se fait servir par lui doit mourir subitement (3).

15.

Rabba dit : « Prends garde, mon fils, fais bien attention de suivre le Talmud plutôt que la Bible, car dans la Bible il y a des lois que

(1) XXXIX. Traité Menachoth, 29 b.
(2) Tr. Magilla, 16 a.
(3) Magilla, 28 b.

l'on peut rejeter (laisser de côté) sans que cela soit cas de mort, mais qui enfreint un mot du Talmud mourra. Le rabbi *Pappa* ajoute : « Qui se moque d'un mot du Talmud, sera bouilli dans une chaudière remplie d'excréments (1). »

16.

L'étude de la Bible donne une récompense, mais bien faible ; l'étude du Mischna donne du profit, mais peu considérable. Quant au Talmud, il y a dans l'étude de ce livre une récompense si grande qu'aucune autre étude ou occupation ne peut procurer (2).

17.

Qui n'étudie pas le Talmud ne doit pas manger de bœuf (3).

18.

Qui n'étudie pas du tout le Talmud, il est permis de le percer et de le déchirer comme

---

(1) Erubin, 21 b.
(2) XXI. Baba Mèzia, 33 a.
(3) Pesachim, 23 b.

Esprit juif.

un poisson. C'est le rabbin *Eliezer* qui dit :
« Si nous n'en avions pas besoin pour le commerce, nous les aurions tous tués depuis longtemps (1). »

19.

Un Juif qui a cessé l'étude du Talmud doit dans un autre monde manger des charbons ardents le matin, à midi et le soir (2).

(1) Pesachim, 22 b.
(2) VI Chagiga, 12 b.

CHAPITRE II.

FRUITS DE L'ÉTUDE DU TALMUD.

20.

Qui étudie beaucoup le Talmud, ses cheveux deviennent frisés (1).

21.

Qui étudie le Talmud devient un *trompeur* (2).

22.

Rabbi *Ismaël* dit : « Un Juif qui étudie le Talmud pour ce qui concerne l'argent deviendra certainement riche (3). »

(1) XVIII Nazir, 3 a.
(2) XIX Sota, 21 b.
(3) Baba Bathra, 175 b.

23.

Le rabbin *Eliezer* dit : Qui est prudent (rusé) doit devenir riche ; avoir pitié d'un sot, c'est un péché (1).

24.

A peine Jacob eut-il appris à connaître Rachel, qu'elle lui dit : « Cela me fait de la peine, tu ne pourras pas t'arranger avec mon père, c'est une grande canaille !! » Jacob répondit : « Sois tranquille, je suis encore plus canaille que lui (2). »

25.

Rabbin *Bathan* dit : « C'est une bonne œuvre de mentir par amour de la paix. Les frères de Joseph ont menti, le prophète Samuel a menti, oui, Dieu lui-même a menti (3). »

(1) Sanhedrin, 92 a.
(2) XXII Baba Bathra, 123 a.
(3) XIII, Jebamoth, 656.

CHAPITRE III.

QUINTESSENCE DE CETTE ÉTUDE.

26.

Si les Juifs suivent le Talmud (voir 263), les Gojim (les peuples chrétiens) doivent travailler et eux (les Juifs) manger ; s'ils sont sans religion, ils doivent eux-mêmes (les Juifs) travailler (1).

27.

Rabbi *Jochanan* disait : « Qui apprend et enseigne le Talmud ressemble au myrte : Malheur aux Akums (chrétiens) qui n'ont pas de Talmud. Ils sont perdus sans espoir de salut (2).

(1) Tr. de Bérachoth. 35 b.
(2) Tr. VIII Rosch haschana, 23 a.

28.

Celui qui étudie chaque jour les lois du Talmud peut croire fermement et être certain qu'il aura part à la vie éternelle (1).

(1) Tr. Nidda, (conclusion du Talmud.)

CHAPITRE IV.

DIEU D'APRÈS LE TALMUD.

29.

Dieu va chaque jour à la synagogue et met ses courroies pour prier (1).

30.

Dieu a dans le ciel une petite chambre dans laquelle il s'enferme chaque jour pour quelques heures. Il pleure et sanglote de ce que son peuple ne forme plus un état et que ce sont les *Akums* qui ont la puissance.

— Pourquoi s'enferme-t-il dans une petite chambre? — Il a honte, car on le voit toujours de bonne humeur (2).

(1) Tr. Berachoth, 6 a.
(2) Tr. Chagiga, 5 b.

31.

Après la destruction de Jérusalem Dieu licencia un grand nombre d'anges, en disant qu'il était maintenant comme un roi auquel on a enlevé ses terres, et par conséquent qu'il n'avait plus besoin de militaires (1).

32.

Lorsque Moïse mourut, Notre Seigneur Dieu le mit dans un sac et le porta sur son dos à quatre lieues de là pour l'enterrer (2).

33.

Dieu fut prêtre lorsqu'il enterra Moïse et que par là il se salit ; il dut se purifier dans un lac de feu (3).

34.

Notre Seigneur Dieu trouve sa joie dans le Ciel à y nourrir lui-même la vermine (4).

(1) Tr. Chagiga, 13 b.
(2) XIX Sota, 13 b.
(3) XXIV Sanhedrin, 39 b.
(4) 2me Tr. Sabbath. 107 b.

35.

Le rabbin *Eliezer* dit : Dieu baisa Mirjam sœur de Moïse, et elle mourut des suites du baiser.

— Pourquoi cela ne se trouve-t-il pas dans la Bible ? — Parce que ce serait une honte pour Dieu (1).

(1) VII Traité Moëdkatan, 28 a.

CHAPITRE V.

DIEU ET MOÏSE.

36.

Lorsque Dieu eut donné la loi aux Juifs, le diable vint à lui et lui demanda : « Où est la loi ? » Dieu dit : « Je l'ai donnée à Moïse. » Le diable vint trouver Moïse : « Donne-moi la loi ». —Quoi ? la loi ? dit Moïse. Je ne sais rien de cela ». — Quand Moïse revint auprès de Dieu, celui-ci lui dit : « Moïse, tu es un menteur. — Comment, dit Moïse, je suis un menteur ! Si tu me dis encore une fois cela, je ne franchirai plus le seuil de ta porte. » — Dieu répondit : « Moïse, ne sois pas fâché, je te fais cadeau de la loi, dès ce moment on l'appellera toujours « la loi de Moïse ». Moïse fut apaisé (1).

37.

Une fois que Moïse arriva au Ciel, il y trouva Dieu tressant des couronnes pour les lettres de la Bible. Dieu dit à Moïse : « N'est-il pas d'usage dans la ville de dire : bonjour ? » Là-dessus Moïse répondit : « Est-il permis à un esclave de dire : Bonjour. » Dieu reprit ; « Cependant aujourd'hui tu pouvais bien m'aider, je travaille déjà toute la journée, ainsi tu aurais dû me souhaiter du bonheur dans le travail. — A l'instant Moïse dit : « Que Dieu reçoive donc une grande force » (2).

38.

Voir n° 12 (377).

(1) Traité Sabbath, 89 a.
(2) II Tr. Sabbath, 89 a.

CHAPITRE VI.

RABBINS.

39.

Depuis la destruction du Temple, la puissance de prophétiser est passée des prophètes aux rabbins et aux fous (1).

40.

Pourquoi un rabbin ressemble-t-il à une noix ? Si l'extérieur de la noix est sali, le noyau reste propre, ainsi le Talmud du rabbi reste pur, lors même que le rabbi pue (2).

41.

Rabbin *Ismaël* dit : « Chaque rabbi est d'au-

(1) XXII Traité Baba Bathra, 12 b.
(2) VI Tr. Chagiga, 15 a.

tant plus sage qu'il est plus âgé, mais quant à celui qui n'étudie pas le Talmud, plus il est âgé, plus il est sot (1). »

42.

Un rabbin ressemble à un vase en or ou en argent, s'il se brise il a encore de la valeur : il en est ainsi du rabbin, s'il est pourri et pue il a encore de la valeur (2).

43.

La peau d'un rabbin est insensible au feu. C'est pourquoi les rabbins ne vont jamais en enfer, parce que le feu ne pourrait pas leur nuire (3).

44.

La plupart des rabbins meurent du catarrhe de l'estomac, afin que leur estomac soit propre et qu'eux-mêmes soient purs comme les anges du Ciel (4).

(1) II Tr. Sabbath, 152 a.
(2) IV Tr. Chagiga, 15 a.
(3) VI Tr. Chagiga. 27 a.
(4) Tr. Sabbath, 118 b.

CHAPITRE VII.

CARACTÈRE DES RABBINS.

45.

Si le rabbin *Abba* était en colère, il avait l'habitude de jeter des pots à la tête de sa femme ; rabbi *Ascha* jetait des vitres à la sienne ; le rabbi *Scheschetti* avait coutume en étant en colère de jeter des poissons cuits à la tête de sa servante, et le rabbin *Jehuda* avait l'habitude de déchirer les habits de sa femme (1).

46.

Rabbi *Jochanan* buvait jusqu'à ce que le vin lui coulât par les oreilles ; le rabbin *Joseph* jus-

(1) II Tr. Sabbabt, 105 b.

qu'à ce que le vin lui sortît par le nez et enfin le rabbin *Rachnam* avait coutume de boire jusqu'à ce que la rate nageât dans le vin (1).

47.

Si le rabbin *Eliezer* faisait un prêche, du ciel descendait un feu qui consumait les arbres. Si le rabbin *Josué* prêchait, il arrivait un si grand nombre d'anges que le soleil en subissait une éclipse (2).

48.

Les rabbins aiment plus l'argent que leur propre corps (3).

49.

Tous les prêtres juifs sont éhontés (4).

50.

Un rabbin qui n'est pas vindicatif comme un serpent n'est point un rabbin (5).

(1) II Tr. Sabbath, 129 a.
(2) VI Tr. Chagigaga, 14 b.
(3) XIX Tr. Sota, 12 a.
(4) XV Tr. Kidduschin, 70 b.
(5) IX Tr. Jomma, 23 a.

51.

Si les rabbins sont si furieux, cela provient de ce qu'ils ont le Talmud dans le ventre. C'est pourquoi on doit les excuser (1).

(1) Tr. XII Taanith, 4 a.

CHAPITRE VIII.

IMPORTANCE DES RABBINS.

52.

Un jour un âne sauvage mordit un rabbin et il (l'âne) en mourut tout de suite. Le rabbin prit l'âne mort sur son dos et le porta à la synagogue pour le montrer (1).

53.

Il faut se lever devant un rabbin, même devant son âne, non-seulement faire cela, mais encore si de loin on voit les oreilles de son âne, il faut se lever. C'est ce qu'Abaje avait soin de faire (2).

(1) Tr. I, Berachoth, 33 a.
(2) Tr. XV, Kidduschin, 33 a.

54.

L'anathème (malédiction) d'un rabbin a des suites si terribles qu'un chien même en souffre. Un jour un chien dévora les souliers d'un rabbin. On crut qu'ils étaient volés et les rabbins anathématisèrent le voleur. Et voyez donc, il sortit un feu de la queue du chien et le pauvre animal fut entièrement brûlé (1).

55.

Qui offense un rabbin reçoit la fièvre (2).

56.

Rabbi *Jehuda* dit : La malédiction d'un rabbin, même si elle n'est pas fondée, s'accomplit toujours (3).

57.

Le rabbin *Abiathar* rencontre un jour le prophète Elie et lui demande ce que Dieu fait dans ce moment. Elie répond : Il étudie le Talmud. le Rabbi R. R. dit la même chose.

(1) Tr. VII Moëdkatan, 17 a.
(2) Tr. XXXVIII Nidda, 36 b.
(3) Tr. XXVI. Makkoth, 11 a.

Y a-t-il des doutes dans le ciel?

— Non, dit Elie, il n'y en a aucun. Tout ce qu'un rabbin dit, même si deux rabbins se contredisent, ce sont toutes les paroles du Dieu vivant (1).

58.

Un jour le rabbin *Pinchas* voulait traverser un fleuve, les eaux se séparèrent même trois fois : une fois pour lui-même et deux fois pour deux autres qui étaient avec lui. D'où il résulte qu'un rabbin est plus grand que Moïse avec 600,000 juifs ensemble, car les eaux de la mer Rouge ne se partagèrent qu'une fois (2).

59.

Les rabbins sont rois et les Juifs doivent les honorer comme tels (3).

60.

Un rabbin vaut mieux que le soleil, celui-ci ne

---

(1) Tr. XVI Gittin, 6 b.
(2) Tr. XXXI Chullien, 7 a.
(3) Tr. XVI Gittin 62, a.

paraît que dans ce monde ; mais le rabbin éclaire dans ce monde-ci et aussi dans l'autre (1).

61.

Si un rabbin meurt, les chevaux et les ânes le pleurent ; ce fut le cas pour *Jacob*. Tous les chevaux et les ânes du monde pleurèrent à sa mort (2).

(1) Tr. XXIV, Sanhedrin, 101 a.
(2) Tr. Sota, 13 a.

CHAPITRE IX.

RABBINS DIRECTEURS DE SÉMINAIRES
DE RABBINS.

62.

Job avait un séminaire de rabbins à Tibériade et il en était directeur (1).

63.

Abraham, Isaac et *Jacob* étaient directeurs de séminaires de rabbins. Le premier était si pieux qu'il observait scrupuleusement chaque mot du Talmud, même le moins important (2).

64.

Le rabbin *Hunner* avait à Babylone un si grand nombre d'élèves que quand ils quittaient

---

(1) Tr. XXII Baba Bathra, 15 a.
(2) Tr. IX Jomma, 28 b.

l'école pour aller à la maison et qu'ils secouaient la poussière de leurs habits, il s'élevait un tel nuage que le ciel devenait sombre et que cette obscurité se remarquait même en Palestine. On avait l'habitude de dire : « Dans ce moment les élèves du rabbin *Hunner* secouent leurs habits » (1).

65.

Le rabbi *Ariba* avait vingt-quatre mille élèves, et tous moururent en même temps de la fièvre scarlatine parce qu'ils ne l'honoraient pas comme on doit honorer un rabbin (2).

(1) Tr. XIV Kéthuboth, 106 a.
(2) Tr. XIII Jébamoth, 49 b.

CHAPITRE X.

RABBINS ET PROPHÈTES.

66.

Un jour le rabbin *Zaduc* étant ivre se jeta en bas d'un toit. Le prophète Elie qui était à 400 lieues accourut si vite qu'il put recevoir dans ses bras le rabbin qui tombait. Cependant le bon *Elie* fut trois jours malade de ce rapide voyage (1).

67.

Il y avait une fois un rabbin du nom de *Rab-Anan* avec qui le prophète Elie avait l'habitude d'étudier le Talmud. Un jour il eut peur

(1) Tr. XV Kidduschin, 40 a.

du prophète et pour sa sûreté il l'enferma dans une cage et tous les deux continuèrent ainsi à étudier tranquillement (1).

68.

Elie a à servir dans la tombe les trois aïeux *Abraham, Isaac* et *Jacob*. Il vient chaque jour chez eux, prend *Abraham* hors du lit, l'habille, le lave, lui donne à manger et le recouche. Il agit de même avec Isaac puis avec Jacob. Il raconta cela en secret à un rabbin et lorsque celui-ci lui demanda pourquoi il ne les soignait pas tous les trois ensemble, Elie dit : « Si tous les trois priaient ensemble, le *Messie* arriverait immédiatement, ce que Dieu ne veut pas encore. » Quand Elie remonta au ciel, il reçut en punition soixante coups de verges (ou de bâton) pour avoir dévoilé ce secret, de sorte qu'il ne put s'asseoir durant trois mois (2).

(1) Tr. XIV Kétuboth, 10 b, a.
(2) Tr. XXI Baba Mezia, 85 b.

CHAPITRE XI.

ANGES.

69.

Les anges ne comprennent point d'autre langue que l'hébreu. Le rabbi *Jochanan* dit : On ne doit jamais prier en *arménien*, car les anges ne comprennent pas cette langue, laissent celui qui prie debout et ne présentent pas sa prière à Dieu (1).

70.

Tous les anges ont des pieds de veau (2).

71.

Wasthi, l'épouse du roi *Assuérus*, tourmentait

(1) Tr. Sabbath, 12 b.
(2) Tr. IX Jomma, 19 b.

beaucoup ses servantes juives, c'est pourquoi l'ange *Gabriel* lui fit pousser une queue sur le front (1).

(1) Tr. XI, Megilla, 12 b.

CHAPITRE XII.

RABBINS ET ANGES.

72.

Lorsque *Jacob* lutta avec l'ange ils firent une telle poussière que le trône de Dieu dans le ciel en fut complètement couvert (1).

73.

Quand deux personnes marchent avec un rabbin, elles doivent le placer entre elles. C'est pourquoi *Raphaël* et *Gabriel* placèrent entre eux l'archange *Michel* lorsqu'un jour ils allèrent en visite chez Abraham, parce que *Michel* par

---

(1) Tr. XXXI Chullin, 91 a.

ses qualités supérieures avait été nommé rabbin (1).

74.

Chaque rabbin est plus saint qu'un ange (2).

75.

Matraton, le chef (ou maréchal commandant en chef) des anges était assis et écrivait sur la supériorité du Judaïsme. Un rabbin arriva de la terre au ciel où se trouvait *Matraton* qui ne se leva pas devant lui. Le rabbin se plaignit auprès de Dieu le Seigneur. Celui-ci fit déshabiller *Matraton* et lui fit donner soixante coups de bâton (3).

(1) Tr. IX, Jomma. 37 a.
(2) Tr. XVII Nadarim, 20 b.
(3) Tr. VI Chagiga, 15 a.

CHAPITRE XIII.

RABBINS ET DIEU.

76.

Si un rabbin meurt, Dieu en est chagriné comme de la destruction du temple (1).

77.

La bénédiction d'un rabbin n'est pas une petite chose. Dieu lui-même est reconnaissant à un rabbin s'il le bénit. — J'entrais un jour dans le Saint des Saints et Dieu y était assis sur une haute chaise. Il me dit : « Bénis-moi,

(1) Tr. VIII, Rosch haschana, 18 b.

mon fils ! » Je le fis. Il me salua, me remercia et s'en alla (1).

78.

Dieu dans le ciel avait un jour une querelle avec les rabbins sur un passage du Talmud. Comme ils ne pouvaient pas tomber d'accord, Dieu fit de la terre monter au ciel le rabbin, fils de Bachmenis, qui, comme Dieu le prétendait, comprenait mieux le Talmud que lui-même. Il donna raison aux rabbins et Dieu reconnut son erreur (2).

79.

Schliesslich raconte : « Je vins un jour à la montagne de Sinaï et j'entendis la voix de Dieu qui disait : « Malheur à moi, malheur à moi, d'avoir juré de détruire mes enfants, si j'avais au moins un rabbin qui me dégage de mon serment ! » Lorsque je vins à la maison et communiquai cela à mes collègues, ils sautèrent en l'air et me dirent : « Tu es un âne !

---

(1) I Tr. Berachoth, 7 a.
(2) Tr. XXI Baba Mézia, 86 a.

Si au moins comme rabbin tu l'avais délié de son serment » (1).

80.

Il faut craindre les rabbins comme Dieu le Seigneur (2).

81.

Qui fâche un rabbin ou qui pense quelque chose de mal de lui, c'est comme s'il l'eût fait à Dieu même (3).

82.

Tout ce que les rabbins décident sur la terre est une loi pour Dieu (4).

83.

Le rabbin *Jochanan* dit : « Les rabbins seront tous dieux et s'appelleront Jéhova » (5).

---

(1) Tr. XXII Baba Bathra, 74 a.
(2) Tr. IV Pesachim, 22 b.
(3) Tr. XXIV Sanhedrin, 110 a.
(4) Tr. VIII Rosch haschana, 8 b.
(5) Tr. XXII Baba Bathra, 75 a.

84.

Rabbi *Abbuhu* dit : « Les rabbins ont la souveraineté sur Dieu : ce qu'ils veulent, Dieu doit le faire » (1).

(1) Tr. V Moëdkatan, 16 a.

CHAPITRE XIV.

TOUPET DES RABBINS.

85

Dieu prit un jour le roi *Jéroboam* par son surtout et dit : « Viens, mon fils, nous allons nous promener, moi, toi et David. » — « Qui ira le premier ? » — Dieu dit : « David ». — « Si c'est ainsi, va ton chemin, je ne vais pas avec vous », dit *Jéroboam* (1).

86

Rabbi Akiba faisait un jour une excursion dans le ciel. Les anges voulaient le jeter dehors. Dieu dit : « C'est mon fils, le plus cher

---

(1) Tr. XXIV Sanhedrin, 102 a.
Esprit juif.

que j'ai sur la terre, laissez-le s'en aller tranquillement » (1).

87.

Quand Dieu créa le monde il fit un vin délicieux, le mit en bouteilles, afin qu'il eût de bon vieux vin pour les rabbins des temps à venir (2).

Et cependant ### 88.

Josué était un homme très éhonté. Il donna des soufflets à Dieu (3).

89.

Un jour *Rabba* tourmenta tellement notre Seigneur Dieu pour avoir de la pluie qu'il dut céder. Mais Dieu en fut tellement indigné qu'il voulut lui envoyer pendant la nuit un diable pour le couper en morceaux. Voyez donc ce qui arriva. Feu son père vint à lui en songe et l'exhorta à dormir dans un autre lit. Il suivit le conseil et le lendemain matin il trouva son

---

(1) Tr. VI Chagiga, 15, 6.
(2) Tr. I Berachoth, 34 b.
(3) Tr. XXIV Sanhedrin, 44 a.

lit totalement coupé avec un couteau, et il remercia Dieu de ne pas y avoir dormi (1).

90.

Le rabbin *Eliezer* était pauvre, et dans un entretien avec Dieu il s'en plaignit et le pria de le rendre riche. Dieu dit : « Je te prie, mon fils Eliezer, laisse-moi en repos, autrement je serais obligé de bouleverser le monde et de le créer de nouveau, pour te destiner un meilleur sort. » — Non, je ne veux pas cela, pensait le bon rabbin, mais quelle sera ma récompense dans le ciel comme compensation de ma pauvreté sur la terre ? — Dieu dit : « Je te donnerai treize lacs remplis d'huile d'olive. » — Est-ce tout ? demanda Eliezer. — « Oui, dit Dieu, si je te donne tout, que laisserai-je donc pour les autres rabbins ? » — Le rabbin *Eliezer* se fâcha et Dieu lui donna un bon soufflet (2).

(1) Tr. XXII Taanith, 24 b.
(2) Tr. XII Taanith, 25 a.

CHAPITRE XV.

ANGE DE LA MORT.

91.

L'ange de la mort est un grand ami des rabbins (1).

92.

L'ange de la mort conserve dans la synagogue le couteau avec lequel il arrête les âmes (2).

93.

Si la peste est dans une ville, il faut tenir toujours les fenêtres fermées (3).

(1) Tr. XXIII Aborda Zara, 35 b.
(2) Tr. XX Baba Kamma, 60 b.
(3) Tr. XX Baba Kamma 60 b.

94.

Si les chiens hurlent, c'est un signe que l'ange de la mort est dans la ville ; si les chiens rient, c'est un signe que le prophète Elie est dans la ville (1).

95.

Le rabbin *Jehoschana*, le fils de Lévis, sortit un jour et rencontra l'ange de la mort, un couteau à la main. Le rabbin commença à discuter avec lui et le pria de lui montrer le paradis. L'ange de la mort le fit. Mais lorsqu'ils se trouvèrent devant le paradis, le rabbin arracha le couteau des mains de l'ange (sans couteau l'ange est impuissant) et il sauta dans l'intérieur du paradis. L'ange criait et pleurait pour avoir son couteau, car il ne pouvait rien faire sans ce couteau, mais le rabbin ne s'en inquiétait pas et ne voulait rendre à aucun prix le couteau jusqu'au moment où Dieu dut

(1) Tr. XX Baba Kamma 60 b.

venir lui-même et il dit au rabbin : « Mais, mon cher enfant, je te prie pour tout au monde de me rendre le couteau, sans lui nous ne pouvons rien faire. Si tu ne me le rends pas, je détruis alors le monde entier. » Le rabbin réfléchit, rendit le couteau et resta de cette façon vivant dans le paradis, et ne causant pas peu d'étonnement à toutes les âmes qui y viennent, quand elles l'y voient (le rabbin) assis dans ses habits, une pelisse d'hiver et des bottes d'hiver (1).

(1) Tr. XIV Kéthuboth, 77 b.

CHAPITRE XVI.

MESSIE.

96.

Avant l'arrivée du Messie l'impiété des chrétiens se répandra dans le monde et tous les hommes seront comme des chiens (1).

97.

Neuf mois avant l'arrivée du Messie tous les souverains seront sectateurs du Nazaréen. *Ubla* ajoute : A cette condition j'aime mieux ne jamais voir le Messie (2).

(1) Tr. XIX Sota, 49 b.
(2) Tr. XXIV Sanhedrin, 98 b.

98.

A l'arrivée du Messie les rabbins ressusciteront les morts. Pour les Juifs la mort cessera complètement. Les Akums alors vivront cent (100) ans et serviront chez les Juifs comme bergers et jardiniers (1).

99.

Rab Soutra, fils de Tobia, dit au nom de *Rabs* : « Quand le Messie viendra, des jeunes gens d'Israël s'exhalera un parfum comme du Liban (2). »

100.

Quand le Messie viendra, les arbres porteront tous les jours des fruits, il croîtra des pains blancs, des habits et des robes de soie (3).

101.

Quand le Messie viendra, on apprendra le

---

(1) Tr. IV Pesachim, 68 a.
(2) Tr. I Berachoth, 43 b.
(3) Tr. II Sabbath, 30 b.

Talmud dans tous les théâtres et dans tous les palais (1).

(1) Tr. XI Megilla, 6 a.

CHAPITRE XVII.

DIABLES.

102.

Les diables vont par ci, par là, le mercredi et le samedi soir. Ces soirs-là, ils se baignent, c'est pourquoi on ne doit pas boire d'eau pour ne pas avaler de diable (1).

103.

La sorcellerie est si dangereuse qu'elle nuit même à Dieu le Seigneur. Et cependant le rabbi *Chanina* ne la craignait pas ; c'est qu'aussi il était *plus grand* que *Dieu* (2).

(1) Tr. IV Pesachim, 112 a.
(2) Tr. XXXI Chullin, 7 b.

104.

Les rabbins ont la puissance de faire entrer les diables dans le corps de l'homme. Une fois le rabbin *Simon* fit entrer un diable dans le corps de la fille d'un empereur romain. Elle cria : « Saint rabbin, aide-moi. » Elle devint folle et l'empereur dut faire la volonté des Juifs et le rabbin la délivra du diable (1).

105.

Il y a eu beaucoup de rabbins qui ont eu pour domestiques des diables dont ils furent bien servis (2).

---

(1) Tr. XXXV Meilla, 17 b.
(2) Tr. XXXI Chullin. 105 a.

CHAPITRE XVIII.

MIRACLES DES RABBINS.

106.

Un jour le rabbin *Eliezer* était malade. Le rabbin *Jochanan* vint lui faire une visite lorsqu'il faisait déjà sombre. Comme il n'y avait pas de lumière près d'eux, il tira un peu sa manche et de son bras sortit une lumière éblouissante (1).

107.

Il y avait une fois un dragon (diable) avec sept têtes, duquel aucun homme ne pouvait s'approcher. Les rabbins firent venir *Achi*, rabbin célèbre comme dompteur de diables. Il

(1) **Tr.** Berachot, 5 b.

arriva, s'inclina sept fois, et à chaque fois une tête tombait (1).

108.

Si le rabbin *Jehuda* voulait avoir de la pluie, il n'avait besoin que de jeter son soulier en l'air comme signe de mécontentement envers Dieu. Un jour qu'il avait lancé son soulier et que même il se disposait à jeter le second, on frappa à sa porte; puis le prophète Elie entra et le pria instamment de ne pas faire cela, sans quoi toute la terre serait inondée (2).

109.

Le rabbin *Pappa* avait un autre moyen, s'il voulait la pluie. Il n'avait besoin que de manger une forte cuillerée de soupe et il arrivait aussitôt une forte pluie. Cependant une fois qu'il ne plut pas tout de suite, il prit une seconde cuillerée de soupe et outre la pluie arriva le tonnerre et l'éclair (3).

(1) Tr. XV Kidduschin, 29 b.
(2) Tr. XII Taanith, 24 b.
(3) Tr. XII Taanith, 24 b.

110.

Le rabbin *Chamma* disait, s'il voulait avoir la pluie : « Toi, ciel insolent, couvre ta face de honte ! » Et aussitôt la pluie désirée arrivait (1).

111.

Le rabbin *Pinchas* avait un âne si pieux qu'il ne mangeait que ce qui est permis à un Juif (2).

112.

Les boucs du rabbin *Chanina* étaient si forts que chaque soir chacun d'eux arrivait à la maison avec un ours entre ses cornes (3).

113.

Siri acheta un jour un âne et lorsqu'il arriva au bord de l'eau, l'âne se changea en pont (4).

---

(1) Tr. XII Taanith, 25 a.
(2) Tr. XXXI Chullin, 7 b.
(3) Tr. XII Taanith, 25 a.
(4) Tr. XXIV Sanhedrin, 67 b.

114.

Rabbi Janai donna quelque chose à boire à une femme et elle fut changée en âne et il l'enfourcha (1).

(1) Tr. XXIV Sanhedrin, 67 b.

CHAPITRE XIX.

JUIFS.

115.

Le monde ne peut exister sans vent : sans Juifs il ne pourrait non plus subsister (1).

116.

Avant Moïse les Juifs mangeaient toute la journée; aussi, comme les poules, toute la journée ils becquetaient sur le fumier; seulement depuis Moïse ils eurent des repas réglés (2).

(1) Tr. XII Taanith, 3 b.
(2) Tr. IX Jomma, 75 b.

117.

Il est du devoir de chaque Juif de manger beaucoup d'ails le samedi (chaves) ; cela a six avantages :

1° Ils rassasient ;
2° Ils réchauffent,
3° Ils embellissent ;
4° Ils rendent féconds ;
5° Ils tuent les poux ;
6° Ils rendent aimable (1).

118.

Quand les Juifs arrivèrent dans la Palestine, Dieu notre Seigneur leur donna un moyen pour effaroucher les ennemis ; ils puaient (2).

119.

Les Juifs sont ou si petits qu'on peut leur marcher dessus, ou si grands qu'ils atteignent les étoiles. Il n'y a point de grandeur moyenne (3).

(1) Tr. XX Baba Kamma, 82 a.
(2) Tr. XIX Sota, 36 a.
(3) Tr. XI Megilla, 16 a.
Esprit juif.

120.

Les trois espèces de créatures les plus éhontées, les plus impertinentes, sont :

1° Parmi les peuples — les Juifs.

2° Parmi les bêtes sauvages — les chiens.

3° Parmi les animaux domestiques — les chèvres (1).

121.

Rabbi *Siméon* dit : Tous les Juifs sont princes (2). (Rien d'étonnant si leurs rabbins commandent à Dieu.)

122.

Les Juifs ressemblent aux poissons ; comme les poissons ne peuvent pas vivre sans eau, ainsi les Juifs ne peuvent pas vivre sans Talmud (3).

(Voir les numéros 21 et 26.)

---

(1) Tr. V Betza, 26 b.
(2) Tr. II Sabbath, 67 a.
(3) Tr. XIII Aboda Zara, 3 b.

123.

Tout ce que l'hôtelier (l'hôte) dit, il faut l'exécuter ; seulement, s'il veut en jeter un dehors, vous ne devez pas lui obéir (1).

124.

Le rabbin *Eliezer*, fils d'*Abinas*, dit : Toutes les plaies (fléaux) dans ce monde proviennent des Juifs (2).

125.

Comment les Juifs ressemblent-ils aux *olives*? Les olives ne donnent aucune huile jusqu'à ce qu'on les ait bien pilées, ou écrasées; de même les Juifs ne deviennent bons qu'après avoir été bien battus (3).

126.

Une fois que les Juifs avaient péché, Dieu envoya l'ange Gabriel avec un bocal plein de charbons ardents pour les brûler. Pendant

(1) Tr. XV Pesachim, 86 b.
(2) Tr. XIII Jebamoth, 63 a.
(3) Tr. XXIX Menachoth, 53 b.

qu'il descendait, les charbons devinrent froids (1).

(Quel bonheur ! sans cela il ne restait plus un Juif sur la terre.)

127.

Sommes-nous heureux, nous autres Juifs, que nous ayons tant d'esprit, de prudence (2) !

128.

Les Juifs sont dispersés parmi les peuples pour y faire des prosélytes (3).

(1) Tr. XI Jomma, 77 a.
(2) Tr. III Erubin, 53 b.
(3) Tr. IV Pesachim, 87 b

CHAPITRE XX

DESTRUCTION DE JÉRUSALEM

129.

Jérusalem a été détruite parce que les Juifs ont beaucoup trop trompé dans le commerce (1).

130.

Ulla dit : Jérusalem a été détruite parce que les Juifs étaient éhontés. Mais le rabbi *Jehuda* dit : Non, c'est parce qu'ils n'ont pas assez honoré leurs rabbins (2).

131.

Lors de la destruction de Jérusalem il y eut

(1) T. VI. Chagiga, 14 a.
(2) T. II Sabbath, 119 b.

tant de Juifs massacrés que tous les peuples de la terre, pendant sept années entières, n'arrosèrent leurs champs qu'avec le sang des Juifs (1) !

132.

Sur une seule pierre, en Palestine, on massacra 1 billion 820 millions (1,820,000,000) d'enfants juifs (2).

(1) T. XVI Gittin, 57 a.
(2) T. XVI Gittin, 57 b.

CHAPITRE XXI

MARIAGE

133.

Dieu attend avec une vive impatience que chaque Juif se marie ; si l'un d'eux est âgé de vingt ans et n'est pas encore marié, il le maudit avec ces paroles : Que ses os se pourrissent (1).

134.

Le rabbin *Thanchum* dit : Un Juif qui n'a point de femme n'a ni paix, ni joie, ni bénédiction, ni Talmud (2).

135.

Si l'un se marie avec une femme qui ne lui

(1) T. XVI Kidduschin, 29 a.
(2) T. XIII Jebamoth, 62 b.

convient pas, il sera bâillonné dans le ciel par le prophète Elie et Dieu le battra très fort avec un bâton (1).

136.

Qui est jaloux de sa femme prouve par là que le Saint-Esprit est en lui (2).

137.

Le rabbi *Mani* se plaignait un jour chez le rabbi *Isaac* de ce que sa femme était trop laide. Isaac se mit à prier et le lendemain sa femme était d'une rare beauté. Peu après, le rabbi *Mani* revint et se plaignit de ce que sa femme était devenue trop orgueilleuse. Le rabbi se mit en prière de nouveau et la femme fut encore plus laide qu'elle n'avait été (3).

138.

Pour quel motif peut-on divorcer? L'un dit : Si votre femme n'est pas honnête ; un second :

(1) T. XV Kidduschin, 70 a.
(2) T. XIX Sota, 3 a.
(3) T. XII Toanith, 23 b.

Si elle a laissé brûler les légumes; un troisième : Si on en a trouvé une plus belle (1).

139.

Une veuve ne doit avoir chez elle ni chien, ni rabbin (2).

(1) T. XVI Gittin, 90 a.
(2). T. XXI Mazia, 71 a.

CHAPITRE XXII

HYGIÈNE

140.

Il est très sain d'être assis à l'ombre et de manger des oignons. Il est malsain de manger du rôti de canard ou du rôti d'oie (1).

141.

Rab Aschi dit : Si je vois des radis et que je ne puisse en avoir pour les manger, ma bile s'échauffe et je suis près de mourir (2).

---

(1) T. IV Pesachim, 114 a.
(2) T. XIV Kétûboth, 61 a.

142.

Une femme qui tricote pue de la bouche et ses lèvres deviennent épaisses (1).

143.

Rab Anan avait l'habitude de manger à chaque repas un quintal (50 kg.) de sel (2).

144.

Il y a trois choses qui prolongent la vie à celui qui y emploie beaucoup de temps : 1° à prier ; 2° à rester assis à table ; 3° à rester sur le water-closet.

Le rabbin *Isaac* avait l'habitude de rester pendant neuf heures sur les commodités. Une princesse dit un jour au rabbin *Jehuda*, fils d'*Ilaïs* : « On peut conclure en voyant ta grosse face rubiconde que tu es ou un marchand de cochons ou un usurier, tous les deux gagnent leur argent facilement et mangent bien. »

Le rabbin lui répondit : « Vraiment, tous

(1) T. XIV Kethuboth, 61 b.
(2) T. XIV Kethuboth, 69 a.

les deux me sont défendus; si j'ai si bonne mine, cela provient de ce qu'entre mon logement et la synagogue il y a vingt-quatre waters-closets que je visite chaque jour en allant et en revenant (1).

145.

Qui a souvent des besoins et va aux lieux sera certainement bienheureux (2).

(1) T. I Bérachoth, 55 a.
(2) T. XIX Sota, 42 b.

CHAPITRE XXIII

VERMINE

146.

Après sa mort, le rabbi *Eliéser* resta vingt-deux ans couché sur le sol ou plancher. Sa femme, de temps à autre, lui prenait les poux ; une fois elle lui arracha un cheveu, il s'enfuit et ne revint plus (1).

147.

Le rabbin *Bonaa* vint un jour au tombeau d'Abraham et son domestique *Eliezer* était hors du tombeau devant la porte. Il demanda au

(1) T. XXI Baba Mezia, 84 b.

domestique ce qu'Abraham faisait dans ce moment : « Il est couché sur le giron de sa femme et se fait attraper les poux. » — « Annonce-moi, » dit le rabbin. Lorsqu'il entra, il vit Sarah qui était si belle que chaque homme auprès d'elle ressemblait à un singe (1).

(1) T. XXI Baba Bathra, 58 a.

CHAPITRE XXIV

IDÉES SUR L'ENFER

148.

Le rabbi *Simon,* fils de *Lakis,* dit : « Les feux de l'enfer n'ont point de prise même sur le plus. grand pécheur d'Israël. » Plus loin : « Abraham vient chaque jour en enfer et tous les Juifs s'accrochent à lui et il les traîne dehors. » L'enfer a trois portes cochères : l'une s'ouvre dans le désert, une autre sur la mer et la troisième à Jérusalem (1).

(1) T. III Erubin, 19 a.

149.

Malheur à qui se moque du Talmud et des rabbins! (Voir le § 15.)

150.

Qui offense un rabbin ou ne croit pas au Talmud, le corps de celui-là doit brûler éternellement dans l'enfer, et son âme est brûlée et les cendres répandues sous les pieds des rabbins (1).

(1) T. VII Rosch haschana, 17 a.

CHAPITRE XXV

CHATIMENTS RÉSERVÉS AUX CHRÉTIENS

151.

La punition de Jésus dans l'autre monde consiste en ce qu'il est bouilli dans une chaudière pleine d'excréments humains, et c'est aussi la punition de tous ses adhérents, car tout homme qui rit (se moque) des rabbins sera bouilli dans les excréments (1).

152.

Le rabbi *Chia* dit : « Pourquoi les Akums

(1) T. XVI Gittin, 57 a.

sont-ils si sales et puent-ils ? » — Parce que tous mangent des excréments (1).

153.

(Voir le n° 96). Avant l'arrivée du Messie, la dépravation des chrétiens sera grande. Aussi les Juifs, par tous les moyens, doivent chercher à les démoraliser.

(Voir le n° 98). Les chrétiens vivront cent ans (2).

(1) T. II Sabbath, 145 b.
(2) T. XIX Sota 49 b. T. IV Pesachim, 68 a.

CHAPITRE XXVI

TRAVAIL MANUEL ET AGRICULTURE

154.

Rabbi *Rihoraj* dit : « Qu'on ne fasse rien apprendre à ses enfants que le Talmud ! Car si l'un apprend un métier, il manquera du nécessaire dans la vieillesse et la maladie. Mais qui a appris le Talmud ne tombera jamais dans le besoin » (1).

155.

Le rabbin *Eliezer* dit : « Il n'y a pas de plus misérable occupation que l'agriculture. » Le

---

(1) T. XV Kidduschin, 82 a.

rabbin ajoute : « Si un Juif a cent écus pour faire' des affaires, il peut se permettre de manger chaque jour de la viande et de boire du vin et peut vivre dans un palais, mais s'il place des milliers d'écus dans l'agriculture il sera obligé de manger des légumes avec du sel, d'habiter dans une pauvre cabane et de dormir sur la terre » (1).

156.

Pourquoi ? (Relire n°ˢ 21, 22, 23, 24, 25, 16, 17, 10, 26, 28).

(1) T. XIII Jebamoth, 63 a.

CHAPITRE XXVII

DIVERS

157.

Le rabbin *Isaac* dit : « Pourquoi sonne-t-on les trompettes le jour du nouvel an ? — Pour étouffer (empêcher d'entendre) ce que Satan veut dire de mal sur les Juifs (1).

158.

Lorsque Moïse mourut, Josué avait oublié mille (1,000) lois du Talmud : les Juifs voulaient le tuer pour cela. Dieu dit : Je t'aiderais avec plaisir, je te les dirais ou te les soufflerais,

(1) T. VIII Rosch haschana, 16 b.

mais malheureusement je les ai oubliées moi-même. Cependant je puis te donner un bon conseil : Commence la guerre avec les peuples étrangers (païens) ; alors les Juifs seront occupés et ils te laisseront en repos (1).

159.

A l'entrée du temple était placé un raisin d'or, parce que les Juifs sont à comparer à un raisin. Ce raisin crût tellement qu'à la fin il fallut trois cents prêtres pour le porter (2).

160.

Le rabbin *Chia* dit : « Aucun rabbin ne meurt sans qu'un autre ne naisse, à lui tout à fait ressemblant. » Plus loin : « Dieu vit que le nombre des rabbins était si petit qu'il ne voulut pas que tous naquissent à la fois afin de ne pas tomber dans le besoin. A cause de cela il les distribua dans tous les temps. Aussi n'y

---

(1) T. XXXIV Themura, 16 a.
(2) T. XXXVII Middoth, 36 a.

eût-il qu'un seul rabbin sur la terre, à cause de lui le ciel et la terre subsisteront » (1).

161.

Sottes gens ! dit Rabber : « Ils se tiennent debout devant une bible et non devant un rabbin, et cependant les rabbins sont plus miséricordieux que la bible. La bible dit qu'il faut donner 40 coups de bâton au pécheur, le rabbin n'en ordonne que 39 » (2).

162.

Si l'on a mangé du bœuf on comprend deux fois mieux le Talmud que si l'on a mangé de l'autre viande (3).

163.

Le rabbin *Chia* avait l'habitude de se caresser le ventre avec la main en disant : « Ré-

---

(1) T. IX Jomma, 38 b.
(2) T. XXVI Maskkoth, 22 b.
(3) T. XX Baba kamma, 72 a.

jouis-toi, mon ventre, réjouis-toi ! tu ne reçois pas de légumes, à manger, tu reçois seulement de la viande ! (1)

HYGIÈNE. (Voir 140 à 144.)

---

(1) T. II Sabbath, 140 b.

डेUXIÈME PARTIE

DEUXIÈME PARTIE

LOIS DES JUIFS
CONCERNANT LEURS RAPPORTS AVEC LES CHRÉTIENS

CHAPITRE Ier

DESCENDANTS D'AARON, PRIÈRES

164.

Quoiqu'il n'y ait plus ni Temple, ni sacrifice, les descendants du grand-prêtre Aaron doivent maintenant encore, parmi les Juifs dispersés, jouir de différentes distinctions et de différents honneurs dont sont privés les autres Juifs, et conserver toujours le droit, chaque jour de fête, de donner leur bénédiction aux autres Juifs.

Mais si un enfant de cette famille est devenu Akum (chrétien) ou s'est prostitué, ou vit dans l'impureté, le père est déshonoré et perd ses droits (1).

165.

La prière Kadisch (cette prière commence par les mots : « Ithgadal Vejthkadasch », c'est-à-dire « Elève et sanctifie », d'où lui vient le nom de prière Kadisch,) ne peut être dite que lorsque dix Juifs sont ensemble, et encore faut-il qu'ils soient ensemble sans qu'une chose impure les sépare, comme par exemple un excrément ou un Akum (2).

166.

La prière Symun (prière que les Juifs disent après chaque repas et dont la fin est la bénédiction du maître de la maison) ne doit être dite dans la maison d'aucun Akum pour qu'il ne soit point béni (3).

---

(1) Schulchan aruch Orach Chajjim, § 128. 41, Haga tiré du Morde chai du Talmud Sanhedrin. — Voir aussi commentaire Beer heteb (note 71.)
(2) Schulchan aruch. Orach Chajjim,§ 55,20. Tiré du Tosaphoth dans le Talmud Pesachim, page 85.
(3) Schulchan aruch. Orach Chajjim § 193. 3 dans l'Haga.

167.

Pour chaque plaisir de l'odorat, le Juif doit dire un Beracha, courte prière de remerciement, excepté cependant si les aromates ou tout autre parfum ont été placés sur un water-closet pour en éloigner l'odeur, ou s'ils ont été dans les mains d'une femme de mauvaise vie qui se pare d'objets parfumés pour attirer les hommes au péché, ou si ces parfums ont été dans une église (par exemple de chrétiens) ; il est alors défendu de dire un Beracha pour la satisfaction que procure le parfum, en ce qu'une fois il a été souillé ou par les commodités, ou par une femme de mauvaise vie, ou enfin par une église (1).

168.

Au soir du Pascha (soirée qui précède la fête de Pâques) chaque Juif doit dire la prière Schephoch, c'est-à-dire une prière des Juifs dans laquelle Dieu est invoqué pour qu'il ver-

(1) Schulchan aruch. Orach Chaijim § 217. 2. 4 et 5. Tiré du Talmud Bérachoth, pages 51 et 53. Voir lois 223, 226.

se sa colère sur les Gojim (chrétiens), et si les Juifs disent cette prière avec ferveur, alors Dieu l'exaucera, sans doute, et enverra le Messie qui déchargera sa colère sur les Gojim (1).

(1) Schulchan aruch. Orach Chaijim § 480. H aga, voir Ps. 115, 11. — Schephoch Ps. 79, 6, et Ps. 69, 25. Threu 3, 66. Voir aussi les lois 226 et 256 : Vœu très pieux pour former l'esprit et le cœur d'un enfant de 5 et 6 ans.

CHAPITRE II

MORALE

169.

C'est un devoir pour les Juifs d'exécuter tout ce qu'un malade a écrit dans son testament, excepté toutefois s'il a ordonné de faire une chose qui est un péché. Ainsi si un malade, dans son testament, a fait cadeau de quelque chose à un Akum, on ne doit pas l'exécuter, parce que c'est un grand péché, comme nous le verrons plus tard, de faire cadeau de quelque chose à un chrétien (1).

(1) Schulchan aruch. Choschen Ha-mischpat § 256. 3, Tiré du Maimon. Hilchotte Sechija Perek 9.

170.

C'est le devoir d'un Juif, s'il a trouvé quelque chose, soit un être vivant, soit un objet inanimé, de le rendre à son propriétaire. Bien entendu que c'est dans le seul cas où la chose trouvée appartient à un Juif ; mais si elle appartient à un Akum, non-seulement on n'est pas obligé de la rendre, mais c'est un *lourd péché de rendre quelque chose* à un *Akum*, excepté toutefois (c'est même louable) si cela se fait pour que les chrétiens disent : « Les Juifs sont des gens très honnêtes (2). »

(Quand un Juif s'est ainsi distingué pour son honnêteté, alors les trompettes du nouvel an se mettent à sonner dans tous les journaux de l'Europe.)

171.

Si le Juif rencontre un animal chargé, tombé sous le poids de son fardeau, ou une voi-

---

(2) Schulchan aruch. Choschen Ha-mischpath 259, 1. Tiré du Talmud. Baba Mézia p. 26, et Schulchan aruch § 266, 1. Tiré du Talmud. Baba Kamma, p. 113.
Voir Deutéronome XXII, 1, 2, 3 et 4.

ture chargée devant laquelle les animaux de trait sont abattus par suite de trop d'efforts, il (le Juif) est obligé de venir en aide au conducteur ou au voiturier. Car un tel secours est obligatoire pour chaque Juif, tant à l'égard de son prochain qu'envers les animaux ; c'est pourquoi il a le même devoir si seulement le chargement appartient à un Juif et la voiture à un chrétien ou si au contraire l'animal appartient à un Juif et le chargement à un Akum. Mais si le chargement appartient à un Juif et la voiture à un Akum et que le voiturier soit aussi un Akum, ou si les animaux appartiennent à un Akum et si le chargement est aussi à un Akum, alors toute pitié, toute miséricorde cesse aussi bien à l'égard du propriétaire du chargement, comme aussi envers les animaux ; dans un pareil cas aucun Juif n'a le devoir de venir en aide au propriétaire du chargement, ni aux animaux (1).

---

(1) Schulchan aruch. Choschen Ha-mischpat § 272, 1. Tiré du Talmud Baba Mezia, p. 32. Choschen Hamischpat § 272, 8 et 9.

172.

Un Juif doit-il de l'argent à un Akum, et le chrétien est-il mort, le Juif n'a pas le devoir de payer sa dette aux héritiers du chrétien, à supposer cependant qu'aucun autre Akum n'ait connaissance de cette dette. Mais si un Akum connaît cette dette, le Juif doit payer l'argent aux héritiers (1) afin que les chrétiens ne disent pas : « Les Juifs sont des trompeurs (2). »

173.

Il est défendu à un Juif de voler quelque chose à un autre Juif ainsi qu'à un Goj, mais il est permis de tromper ce dernier, par exemple, dans les comptes, de ne pas lui payer ce qu'on lui doit. Quoiqu'il soit permis de tromper le Goj (chrétien) il faut agir avec prudence, de telle sorte que cela reste inconnu, afin que le nom de Dieu ne soit point profané (3).

(1) Schulchan aruch. Ha-mischpath § 283. 1. Haga Tiré du Mordechai Talmud Kydduschin.
(2) Voir commentaire Béer Ha-gala.
(3) Schulchan aruch. Choschen Ha-mischpath 348, 2 et Haga. Tiré du Baba Mezia, page 113.

174.

Si un Juif est fermier d'un monopole, s'il a pris à ferme de l'Etat pour une certaine somme, un monopole pour une ville ou pour un district plus étendu, un Juif ne doit pas porter dommage à ce monopole (par exemple par la contrebande); mais si le fermier est chrétien, il est permis de lui porter dommage, parce que c'est le même cas que de ne pas payer ses dettes et c'est permis comme nous avons vu plus haut (loi 173) (1).

175.

Il est défendu de jouer Kubja avec un Juif, c'est-à-dire de jouer aux cartes ou aux dés, ou à tout autre jeu de passe-passe ou gobelets pour tromper, parce que tout cela est vol, rapine, et il est défendu de dépouiller un Juif ; mais avec un Akum il est permis de jouer le Kubja (2).

(1) Schulchan aruch. Choschen Ha-mischpath § 369, 6. Tiré du Thur.
(2) Choschen Ha-mischpat § 370, 1 et 3.

176.

En Palestine, du temps que les Juifs possédaient les champs, il ne leur était pas permis de garder du petit bétail, parce que cela aurait pu nuire au voisin, en ce qu'il (le petit bétail) a coutume de chercher sa nourriture sur des champs étrangers (voisins), mais en Syrie et partout où les champs n'appartiennent pas aux Juifs, il est permis aux Juifs de tenir ce petit bétail. Maintenant que les champs, en Palestine, n'appartiennent plus aux Juifs, il leur est aussi permis de tenir du petit bétail (3).

177.

Il est défendu à un Juif de garder un méchant chien, qui mord les gens, sans le tenir à la chaîne. Mais cette loi n'a de valeur que là où habitent des Juifs ; au contraire si l'endroit

---

(3) Schulchan aruch. Choschen Ha-mischpath § 409, 1.

est habité par des Akum, le Juif peut tenir un pareil méchant chien (1).

178.

(Voir lois 215 et 216. Moralité de l'employé.)

(1) Schulchan aruch. Choschen Ha-mischpath § 409, 3. et Haga.

CHAPITRE III

AUMÔNE ET CADEAUX

179.

Dans les jours de fête pendant lesquels il n'est pas permis de travailler, il est aussi défendu de faire la cuisine ; cependant il sera permis à chacun de cuire, mais seulement ce qui lui est nécessaire pour manger. Il lui est aussi permis s'il (le Juif) a besoin de cuire pour soi, de mettre dans le même pot plus de mets qu'il ne lui en faut pour lui-même, si ce qu'il ajoute est pour donner aux chiens ; car notre devoir est de faire vivre les chiens. Pour un Akum, il est sévèrement défendu d'ajouter plus de mets, parce que notre devoir n'est pas de faire vivre les Akums (1).

(1) Orach Chajjim § 512, 1 et Haga. Talmud Beça 21 b.
id.   id.   512, 2 et 3. Talmud Beça 21 b.
Voir Orach Chajjim 324, 11, et les notes 7 et 8 du commentaire.

180.

Il est défendu à un Juif de faire un cadeau à un Akum à son jour de fête. Cela est permis seulement dans le cas où l'Akum est un incrédule ou un libre-penseur. Il est également défendu aux Juifs d'accepter un cadeau d'un Akum au jour de fête de ce dernier. Mais s'il craint que par le refus il s'expose à des suites désagréables il doit l'accepter, puis le jeter en secret (1).

181.

(Voir les lois 22 et 85.)

182.

Il est sévèrement défendu à un Juif de prendre une aumône d'un Akum, car d'après les croyances des Juifs : « Celui qui fait à un Juif Cedaka, c'est-à-dire l'aumône, sera béni de Dieu » ; ainsi l'Akum serait béni si le Juif accep-

(1) Jore de 'a § 148, 5 et 6. Tiré du Talmud Aboda Zara, p. 65 et 18.

tait une aumône. (Les Juifs admettent que c'est particulièrement à cause de cela que les chrétiens continuent à subsister, parce qu'ils ont fait aux Juifs autrefois quelque chose qui leur a fait du bien; les Juifs leur ôtant cette occasion, ils seront bientôt brisés comme un vase cassable (c'est-à-dire périront) (1). — C'est pourquoi si un roi ou un souverain Goj envoie de l'argent aux Juifs pour le partager parmi leurs pauvres, ils ne doivent pas renvoyer l'argent pour ne pas offenser le souverain, mais ils ne doivent pas le donner à leurs pauvres, il faut le donner en secret aux pauvres des chrétiens (2). — Mais si le souverain fait cadeau de quelque chose à la synagogue, il peut être accepté parce que la bénédiction pour une synagogue n'est pas si importante. Mais d'un Juif devenu chrétien aucun argent ne peut être accepté (3).

183.

Les Juifs avaient la loi : « Lors de la mois-

---

(1) Jore de 'a § 254, 1 et 2. Tiré du Talmud Sanhedrin.
(2) Baba Bathra, p. 10.
(3) Haga tiré du Tosphot.

son il faut laisser pour les pauvres des épis debout au bord du champ ou sur le champ. » Depuis que les Juifs sont dispersés parmi les Akums, et que leurs champs sont placés entre ceux des Akums, cela est défendu, parce que les pauvres des Akums pourraient recueillir les épis (1).

184.

Parmi les 24 cas où le rabbin doit excommunier un Juif, se trouvent les deux cas suivants qui peuvent intéresser les chrétiens.

(a) Si un Juif veut vendre sa propriété à un Akum et doit, s'il a pour voisin un Juif, donner par écrit sur sa demande que lui, vendeur, est responsable de tous les désagréments qui pourront provenir de ce voisinage. Mais s'il ne veut pas accepter la responsabilité, le rabbin doit le maudire, c'est-à-dire l'excommunier (2).

(b) Le second cas se trouve dans la loi 195.

(1) Schulchan aruch Jore de 'a § 332, 1. Haga, tiré du Thur.
(2) Jore de ' a 334, 43. Tiré du Baba Gamma, p. 114.

CHAPITRE IV

PRUDENCE

185.

C'est un grand péché de faire cadeau de quelque chose à un Akum (1). Cependant il est permis de donner l'aumône à des pauvres des Akums, de visiter leurs malades, de rendre les derniers honneurs à leurs morts et de consoler ceux qui restent, pour la paix afin que les Akums puissent croire que les Juifs sont leurs bons amis en montrant qu'ils participent à leurs malheurs (2). Ainsi point de pitié.

(1) Jore de 'a § 151. 11. Tiré de l'Abodo Zara p. 20.
(2) Jore de 'a § 151, 12. Tiré du Gittin p. 20.

186.

Il est sévèrement défendu de se faire couper les cheveux ou la barbe par un Akum, parce qu'il pourrait lui couper le cou. Cela n'est permis que quand plusieurs Juifs sont présents, ou quand il a un miroir devant soi afin qu'il puisse remarquer à l'instant si l'Akum veut lui couper le cou et s'enfuir rapidement (1).

187.

Voir les lois 239, 240, 251, 254, 242, 224, 249, 248.

(1) Jore de 'a § 156, 1. Tiré du Talmud Aboda Zara p. 27.

CHAPITRE V

USURE

188.

Pendant le Chol-ha-moëd (fêtes juives qui tombent au printemps et en automne) toute agitation d'affaires est sévèrement défendue ; mais il est bien permis de faire l'usure avec un chrétien, autrement l'occasion serait passée et le gain perdu pour le Juif (1).

189.

Si un Juif a un Akum dans ses griffes (en chaldéen on trouve l'expression Ma'araphja,

---

(1) Orach Chajim § 539, 13.

c'est-à-dire écorcher, rançonner, continuer de tromper, ne pas ôter de ses griffes), un autre Juif peut encore aller chez ce même Akum, lui prêter de l'argent et le tromper de telle sorte que l'Akum perde son argent (1). Car l'argent d'un Akum est un bien sans maître, et qui le veut ou le peut a le droit de s'emparer de ce bien (2).

L'expression est discutable : les uns disent que le Juif doit continuellement « sucer le chrétien et vivre de lui... » etc.

Quant à la phrase : « L'argent d'un Akum est un bien sans maître, et qui veut a tous les droits de s'en emparer, » elle ne souffre aucune discussion.

190.

Il est sévèrement défendu à un Juif de prêter à de hauts intérêts à un autre Juif ; mais au contraire, à un chrétien ou à un Juif devenu chrétien il est permis de prêter de l'argent

---

(1) Tiré du Choschen Ha-mischpath § 156, 5. Haga
(2) Tiré du Baba bathra, p. 54.

à de hauts intérêts, car il est écrit dans les Saintes Ecritures : « Tu dois laisser vivre ton frère avec toi. » Mais l'Akum n'est pas regardé comme un frère (1).

191.

Le Juif ne doit rien prêter à un Akum trois jours avant les fêtes du chrétien, surtout ne faire aucune affaire avec lui, parce que l'Akum pourrait s'en faire un plaisir pendant ses fêtes. Mais au contraire il lui est permis de prêter de l'argent à un intérêt usuraire afin que l'Akum après le plaisir éprouve les tristes suites de son emprunt en le payant plus tard (2).

192.

Si un membre de la famille d'un Juif est mort, duquel membre il est obligé d'en porter le deuil, pendant sept jours il ne doit pas quitter la maison et ne faire aucune affaire pour gagner de l'argent. Mais si l'occasion se pré-

(1) Schulchan aruch Jore de 'a § 159, 1. Tiré du Baba Mezia p. 70. La fin est tirée du commentaire Béer Ha-gola.
(2) Jore de 'a § 148, 1.

sente de faire l'usurier avec un Akum, il lui est permis de quitter la maison et de rompre son deuil (1).

Le 3 défend le commerce. 5 Haga c'est permis de le faire par d'autres et même soi-même. 380-7 permet de prêter à ceux avec lesquels on a des affaires. Voir la loi 188.

(1) Jore de 'a § 380, 3, 5 et Haga § 380-7.

CHAPITRE VI

JUSTICE ET TÉMOIGNAGE

193.

Chaque Beth-din (tribunal des Juifs) peut prononcer la peine de mort même aujourd'hui, s'il le juge nécessaire (1) lors même que le crime en lui-même ne mériterait pas la peine de mort (2).

194.

Si deux Juifs sont en dispute, soit pour de l'argent, soit pour autre chose et sont obligés

---

(1) Il doit être composé au moins de trois juges, le président est homme de loi (qui sache bien le Talmud). C'est généralement le haut rabbin et les autres rabbins ; dans d'autres cas le haut rabbin peut choisir d'autres juges.
Choschen hamischpath, 2, 1.
(2) Commentaire Be'er hagola et Talmud Sanhedrin. 46 a.

d'avoir recours à un juge, ils doivent se rendre au Beth-din (tribunal des rabbins) et se soumettre à sa décision, mais ne doivent pas aller chez un Akum, pas même aller chercher la justice dans un tribunal royal où les Akums sont juges; même si leur loi est pareille à celles des Rabbins, c'est un grand péché et un affreux blasphème. Le Juif qui a un différend avec un autre Juif et qui enfreint ce commandement en cherchant la justice devant un tribunal chrétien, le Beth-din a le pouvoir de l'excommunier jusqu'à ce qu'il ait libéré son prochain (Juif) des demandes exigées contre lui (1).

195.

Un Juif ne peut servir de témoin à aucun Akum contre un Juif. Donc si un Akum exige de l'argent d'un Juif et que le Juif le nie, il est défendu à un autre Juif qui sait que l'Akum a raison, d'être témoin en faveur de cet Akum. — Si un Juif a enfreint ce commandement

(1) Choschen Ha-mischpath § 26, 1. Haga.

en faveur d'un chrétien contre un Juif, alors le Beth-din a le droit d'excommunier ce témoin (1).

196.

Celui-là seul peut servir de témoin qui possède encore quelque humanité et quelque honneur; par exemple : celui qui sort nu dans les rues, ou qui demande l'aumône aux chrétiens, celui-là ressemble à un chien qui ne tient pas son honneur et par conséquent il ne peut servir de témoin (2).

197.

Ne peuvent être témoins que ceux qui portent le nom d'hommes; un Akum ou un Juif baptisé qui est encore pis qu'un chrétien, ne peuvent d'aucune manière être regardés comme des hommes et par conséquent leur témoignage n'a aucune valeur (3).

---

(1) Choschen Ha-mischpat § 28, 3.
(2) Choschen Ha-mispath 34, 18.
(3) Schulchan aruch. Choschen Ha-mischpath 34, 19 et 22. Tiré du Talmud Baba Komma p. 14. Voir Deutéronome xix, v. 18, 19.

198.

Si le bœuf d'un Juif frappe des cornes le bœuf d'un Akum, le Juif n'est pas obligé de dédommager l'Akum, car il est écrit dans la Bible (Exode XXI, 35) : « Si le bœuf d'un homme frappe des cornes celui de son prochain », etc.; mais l'Akum n'est pas mon prochain. Si au contraire le bœuf d'un chrétien a frappé avec ses cornes le bœuf d'un Juif, il faut que l'Akum dédommage le Juif, parce qu'il est un Akum(1).

199.

Si un Juif a volé quelque chose à un Akum et que ce Juif le nie devant le tribunal et que le serment lui soit ordonné, les autres Juifs qui connaissent ce vol doivent s'efforcer de négocier un accord entre le Juif et ce chrétien.

Mais si un accommodement n'a pas lieu, s'il ne veut pas perdre son procès, ni éviter le serment, le Juif peut prêter un faux serment et détruire ce serment dans son cœur en pensant

(1) Schulchan aruch. Choschen Ha-mischpath 406, 1. Tiré du Talmud Baba Gamma p. 37.

qu'il ne pouvait faire autrement. Cette loi n'a de valeur que dans le cas où l'Akum peut ne pas bien connaître le vol, s'il peut l'apprendre, le Juif ne peut pas faire de faux serment afin que le nom de Dieu ne soit pas profané. C'est un principe que le Juif peut faire de faux serments quand il est menacé de punitions corporelles, quand même il a violé son serment et que le nom de Dieu peut être profané ; mais s'il est menacé seulement d'une punition pécuniaire, il ne peut faire de faux serments que si on ne peut pas prouver qu'il est parjure et que le nom de Dieu dans ce cas ne peut pas être profané (1).

200.

Il est sévèrement défendu à un Juif de battre son prochain, même si c'est un pécheur, et celui qui bat son prochain est un Rascha, c'est-à-dire un impie, un méchant, et reste excommunié jusqu'à ce qu'il ait demandé pardon à

---

1) Jore de 'a § 239, 1. Haga tiré du Schebuoth et Béer hagola Haga 232-14.
D'après le Talmud la mort est moindre que recevoir des coups.

son prochain. — Sous le nom de prochain, on ne comprend que les Juifs, battre un Akum n'est pas du tout un péché (1).

Avant de demander pardon au battu, il faut d'abord lui payer cinq choses : 1° dommage physique, 2° douleurs, 3° docteurs et pharmacie, 4° temps perdu, par conséquent perte d'argent, 5° enfin la honte (2).

201.

(Voir la loi 53.)

---

(1) Schulchan aruch. Choschen Ha-mischpath § 420, 1, et 422, 1.
(2) Schoschen Ha-mischpath 420, 3.

CHAPITRE VII

COMMERCE ET ACHATS

202.

Le jour du sabbat (samedi) il est sévèrement défendu aux Juifs de vendre ou d'acheter, mais cependant il est permis d'acheter en Palestine une maison d'un chrétien, il est même permis dans ce cas d'écrire, afin qu'en Palestine il y ait un *Akum* de moins et un Juif de plus (1).

203.

Les bourgeois (nommément les Juifs) dans une commune ont le droit de défendre à d'au-

(1) Orach Chajim 306, 11.

tres marchands d'y venir et de vendre des marchandises, excepté si les marchandises des marchands étrangers sont meilleures ou à meilleur marché que celles des habitants. Les habitants dans ce cas ne peuvent pas le défendre parce que les acheteurs recevront de meilleures marchandises. Mais naturellement ce ne peut être que dans le cas où les acheteurs sont Juifs, mais où les acheteurs sont Akums, il est bien permis de le défendre aux étrangers car c'est un péché de laisser tomber en partage du bien à un Akum, car nous, Juifs, nous avons le précepte (principe) qu'il est permis de jeter un morceau de viande à un chien, mais non de le donner à un *Nochri* (chrétien), parce qu'un chien vaut mieux qu'un Nochri (1).

204.

Si un Juif a dans ses affaires un commis avec lequel il a pris les arrangements que tout ce qu'il trouvera appartiendra au principal,

(1) Comparer les lois 169, 170, 247.
Cette loi 203 est tirée du Choschen Ha-mischpath § 156, 7. Haga. Voir aussi Deutéronome XIV, 21 ; Exode, XXII, 31.

et si le commis a trompé un Akum en ce qu'il lui a fait payer encore une fois une dette payée déjà depuis longtemps ou bien s'il a dupé l'*Akum* dans un compte, tout ce profit doit appartenir au principal, parce que de pareils profits sont considérés comme des choses trouvées (1). La propriété des chrétiens est pour les Juifs des biens privés de maîtres, conséquemment les Juifs en peuvent prendre autant qu'ils pourront en recevoir.

205.

Si un Juif envoie un commissionnaire pour chercher de l'argent chez un Akum et si le commissionnaire a trompé l'Akum et pris plus que ce n'était nécessaire (juste), ce surplus appartient au commissionnaire (2).

206.

Si un Akum a des affaires avec un Juif et si

---

(1) Choschen Ha-mischpath § 176, 12. Haga.
Comparer à la loi 189.
(2) Choschen ha-mischpath § 183, 7. Haga.
Voir le commentaire Béer hetele.

un autre Juif vient et trompe l'Akum, soit par une fausse mesure, soit par une fausse balance, soit par des comptes faux, les deux Juifs doivent partager entre eux le profit (1).

207.

Si un Juif envoie un messager à un Akum pour lui payer une dette, et si le messager remarque après son arrivée que l'Akum a oublié la dette, alors le messager doit remettre l'argent au Juif qui l'a envoyé ; le messager ne doit pas dire avec cela (nommément le paiement de l'argent au chrétien) qu'il voulait honorer le nom de Dieu pour que l'Akum dise : « Les Juifs sont cependant des gens très comme il faut, car il ne peut agir ainsi qu'avec son propre argent, il n'a aucun droit de jeter l'argent étranger (2). »

208.

Si un Juif a vendu quelque chose à un autre

(1) Choschen ha-mischpath 183, 7. Haga.
(2) Choschen ha-mischpath 183, 8.
Commentaire Béer ha-gola.

Juif, meubles ou immeubles, il se trouve démontré que les objets ont été volés à un autre Juif, et si ensuite le vrai propriétaire rentre en possession de son bien, alors le voleur est obligé de restituer à l'acheteur l'argent qu'il a reçu, parce qu'il ne devait pas voler. Mais si le Juif vend à un autre les objets volés chez un Akum et si le chrétien lui reprend ces objets, alors le vendeur n'a pas besoin de rembourser l'acheteur (1).

209.

Si un Juif a loué la maison d'un autre Juif, un troisième Juif peut venir et offrir plus que le premier et louer la maison pour lui-même. Mais si la maison appartient à un Akum, qu'il soit excommunié celui qui est cause que le chrétien reçoit plus d'argent (2).

---

(1) Choschen ha-mischpath 225, 1 et 2. Tiré du Talmud Baba Mezia p. 15. et Baba Bathra p. 45.

(2) Choschen ha-mischpath 237, 1. Haga.
Il y a deux espèces d'excommunications : la petite ou *niddui* et la grande ou *cherem*.
Jore de 'a 334 § 2. 3.

210.

Un Juif achète d'un voleur et revend l'objet volé à un autre Juif, là-dessus vient un troisième Juif qui prétend que l'objet volé est sa propriété et le reprend ; dans ce cas le vendeur est obligé de rendre l'argent à l'acheteur. Mais si un Akum vient et dit à l'acheteur : « Cet objet est à moi, c'est ma propriété. » Le Juif ne le lui rendra pas. Si l'Akum porte plainte à son tribunal, et reçoit l'objet par le tribunal, le vendeur n'a pas besoin de rendre l'argent à l'acheteur (1).

211.

Le Juif n'ose pas faire le commerce des choses impures (par ex. cochons, objets d'une église chrétienne), mais enlever ce commerce à un chrétien c'est permis, parce que c'est une bonne œuvre d'enlever quelque chose à un chrétien (2).

(Voir loi 203.)

---

(1) Choschen ha-mischpath 356-10. Haga.
(2) Jore de 'a 117, 1. et Haga.

212.

(Voir lois 236 et 198.)

213.

Tout ce dont les Juifs ont besoin pour le rituel de leur service divin ne peut être exécuté par aucun Akum, mais seulement par un Juif, parce que cela ne peut être fait que par des hommes et les Akums ne peuvent être considérés comme des hommes par les Juifs (1).

214.

Il est défendu au Juif de s'approprier la manière de vivre des Akums, il doit autant que possible se distinguer d'eux, par exemple par ses habits, sa coiffure, l'arrangement de sa maison, etc. Ce qu'il doit particulièrement éviter, c'est de porter des habillements qui ont quelque chose de spécial aux chrétiens. Mais si quelques professions des chrétiens, par exemple les médecins, les ouvriers, ont des

---

(1) Orach Chajim § 14, 1. § 32, 9. § 33, 4. § 39, 1, 2.

costumes particuliers, il est aussi permis au médecin ou à l'ouvrier juif d'en porter de pareils, si par là il peut gagner de l'argent (1).

(1) Jore de 'a 178. 1. et Haga.

CHAPITRE VIII

EMPLOYÉS D'UN GOUVERNEMENT

215.

Si un Juif est Mouchas (douanier, percepteur, etc.), c'est-à-dire s'il n'a pas acheté le droit de prélever des impôts, mais les prélève pour l'Etat, il lui est défendu d'agir par contrainte avec un autre Juif. Pourquoi ? Parce que le roi pour lequel il encaisse l'argent est un Goj (chrétien) et comme nous avons vu dans la loi (1) qu'il est permis de ne pas payer ses dettes à un Goj ou de le tromper ; c'est le même cas pour l'impôt. C'est pourquoi un Juif,

(1) Voir loi 173.

employé public, ne doit pas forcer un autre Juif à payer. Mais si l'employé a peur du roi et craint que cela ne soit découvert, il peut agir par contrainte avec les autres Juifs (1).

216.

Les lois d'un Etat doivent être suivies. Mais cela ne peut se rapporter qu'à des lois dont l'Etat tire profit (impôt) et ces mêmes lois (sur les impôts, les contributions) n'ont pas besoin d'être toutes observées, mais seulement celles qui concernent le terrain, en un mot les immeubles (ainsi on doit payer les impôts pour les immeubles). Quant à ce qui concerne les autres impôts, on n'a pas besoin de suivre les lois. L'impôt sur les terres et les maisons doit être payé, parce que le pays appartient au souverain, car il peut dire qu'il nous laisse habiter dans son pays sous la condition que nous paierons l'impôt foncier (2).

(Si les Juifs se soumettaient aux lois du pays

---

(1) Choschen ha-mischpath 369, 6. Haga.
(2) Choschen ha-mischpath 369, 11. Haga.

où ils vivent, les leurs n'auraient pas de raison d'être, tant l'esprit des lois du Talmud est l'opposé des lois chrétiennes.

Toutes les lois du pays sont valables pour les Juifs dans le cas où elles ne contredisent pas leurs lois, c'est-à-dire celles du Talmud.)

CHAPITRE IX

MÉDECINS ET SAGES-FEMMES

217.

Il est non-seulement permis, mais encore il est obligatoire à une sage-femme juive d'aider une femme juive en couches le jour du sabbat et de faire tout ce qui est nécessaire, même ce qui en d'autres cas est une profanation du sabbat. Au contraire (1) il est défendu d'aider une femme chrétienne, même (2) si on peut lui aider sans profaner le sabbat (3), car elle ne peut être considérée que comme un animal.

(1) Schulchan aruch. Orach Chajim 330, 2. Tiré du Talmud Aboda Zara p. 86.
(2) Tiré du Tosaphath.
(3) Talmud Jebamoth. Qidducchin et Ketuboth.
Voir la loi 221. : Il est aussi défendu le jour du sabbat d'aider un animal.
Orach Chaijim 332, 1.

Si les Akums, disent : « Pourquoi aidez-vous une Juive dans ses couches et non une Akum ? » Abaje enseignera à dire : « Les nôtres célèbrent le sabbat, c'est à cause de cela que nous pouvons les aider ; les vôtres ne le célèbrent pas, c'est pourquoi nous n'osons pas profaner le sabbat. » Cependant dans le Talmud (Aboda Zara 26 a,) il est dit qu'il n'est pas permis de faire cela, lors même qu'on ne profanerait pas le jour du repos ». Ce qui prouve clairement que cette raison n'est qu'apparente.

218.

Il est défendu à un Juif de se faire traiter gratuitement par un médecin ou un pharmacien qui est Akum parce qu'il est accepté que dans un pareil cas l'un ou l'autre l'empoisonnerait. Mais si le Juif paye, il leur est permis de prendre un médecin ou un pharmacien Akum, parce qu'alors l'Akum fera attention de ne pas empoisonner le Juif afin que sa réputation n'en souffre pas. (Cependant il est permis de se faire traiter par un médecin éprouvé (1).

219.

Il est permis dans une maladie qui met sa vie en danger (péril de mort) de prendre quelque chose d'immonde s'il croit pouvoir en attendre sa guérison. Dans ce cas cependant il lui est défendu d'employer pour sa guérison (d'après les idées juives) tout ce qu'il y a de plus immonde, c'est-à-dire tout ce qui appartient au service des idolâtres (chrétiens). Pour se guérir il n'oserait pas même employer les cendres d'un objet qui a appartenu à une église tant ils ont en horreur toutes les églises (2).

(1) Jore de 'a 155, 1. Aboda Zara.
(2) Schulchan aruch. Jore de 'a 155. 3. Haga. Tiré de aruch, Kelad 32.

CHAPITRE X.

MARIAGES ET NOURRICES.

220.

Si un Akum, une Akum ou un Juif devenu chrétien, une Juive devenue chrétienne se marie, le mariage n'a aucune valeur. Si une Akum ou un Akum est devenu Juif, il leur est permis de se marier de nouveau sans qu'il soit nécessaire de prononcer le divorce, même s'ils avaient habité vingt ans ensemble, car la vie conjugale des chrétiens ne peut être considérée que comme de la paillardise (1).

221.

Si un Juif s'est marié avec une Akum, on

(1) Schulchan aruch. Eben ha-'ezer 26, 1. Haga.

doit lui donner trente-neuf coups de bâton et le mariage ne doit avoir aucune valeur, et le Beth-din (tribunal des rabbins) doit excommunier ce Juif, même si un Juif est marié avec une Juive et que cette Juive soit devenue chrétienne. Le Juif peut se marier avec une autre femme sans qu'il y ait besoin de divorcer, car les Akums ne doivent pas être regardés comme des hommes, mais ils sont à considérer comme des chevaux (1).

222.

Chaque Juif a le devoir de se marier pour soutenir et perpétuer le genre humain. A cause de cela il doit prendre une femme avec laquelle il puisse avoir des enfants, ainsi il ne prendra aucune vieille femme, ni aucune autre femme

(1) Voir la loi 217 et Deutéronome VII, 3.
Eben ha-'ezer 44, 8. Talmud Kidduschin 68 a.

Talmud Jebamoth 98. { Leur chair est de la chair d'âne et leur semence de la semence de cheval (*).

Tosaphoth dans le Talmud Kethuboth 3 b. { La semence de l'Akum est regardée comme la semence du bétail.

Tosaphoth, Talmud Sanhedrin 74 b. { Concubitus Akum est comme concubitus bestia.

(*) Consultez Ezéchiel XXIII, 20.

avec laquelle il ne puisse avoir des enfants (1). Cependant depuis plusieurs générations on a cessé d'être sévère à l'égard de cette loi (avoir des enfants). (2) Si un Juif a des enfants bâtards ou idiots, il a rempli son devoir en agissant à perpétuer le genre humain. — (3) Mais si ses enfants sont Akum, par exemple si un chrétien est devenu Juif, et si les enfants qu'il a eus sont restés (4) chrétiens, il n'a pas rempli son devoir pour soutenir et perpétuer le genre humain parce que les enfants de l'Akum ne sont pas estimés autant que les bâtards et les idiots juifs (5).

223.

Il est défendu à une nourrice juive de donner à téter à l'enfant d'une Akum, même si on la paye, parce que par là elle aiderait à élever un

---

(1) Schulchan aruch. Eben ha'ezer, 16. 1. Tiré du Talmud Aboda zara, p. 36.
(2) Eben ha'ezer, 1, 1.
(3) id. id. 3 Haga et Haga 1.
(4) id. id. 6 Haga.
(5) id. id. 7 Haga.

Akum. Il ne lui est permis que quand elle a de grandes douleurs à cause de l'abondance du lait et que le lait peut lui devenir dangereux. Aussi il est défendu à un Juif d'apprendre un métier à un chrétien parce que ce métier pourrait nourrir ce chrétien (1).

224.

Il est défendu au Juif d'avoir une nourrice Nochrith (chrétienne) dans le cas où il peut en avoir une juive, parce que la nature, la substance d'une nourrice passe généralement sur l'enfant et la Nochrith abrutit l'enfant et lui passe ses mauvaises qualités (2).

225.

(Voir la loi 240.)

---

(1) Schulchan aruch, Jore de 'a § 81, 7. Haga.
(2) Schulchan aruch, Jore de 'a 154, 2. Haga 2.

CHAPITRE XI

ÉGLISES ET CIMETIÈRES

226.

Il est du devoir de chaque Juif, lorsqu'il passe devant une église de chrétiens tombée en ruines, de dire : « Sois loué, Seigneur, de ce que tu as extirpé ce temple de païens », et si un Juif passe devant un temple païen debout, alors il doit dire : « Sois loué, Seigneur, de ce que tu prolonges ta longanimité envers les malfaiteurs », et s'il voit six cent mille (600,000) Juifs réunis, alors il doit dire : « Sois loué, sage Seigneur », mais s'il voit des Akums alors il doit dire : « *Votre mère est devenue fort honteuse et celle qui vous a enfantés a rougi.* » Si un Juif passe devant un cimetière juif il dit alors : « Sois loué, Seigneur, car tu les a créés avec justice », s'il passe devant un cimetière des Akums il doit dire : « Votre mère est devenue... etc. » Si un Juif voit des maisons des chrétiens bien bâties, il doit dire : « Que Dieu détruise les maisons des orgueilleux, » mais s'il voit les ruines de la maison d'un Akum il doit dire : « Dieu est le Seigneur et maître qui se venge (1). »

227.

Le soir du sabbat il est du devoir de chaque Juif de dire aussitôt qu'il aperçoit de la lumière : « Sois loué, Seigneur, Créateur de la lumière. » Mais si la lumière provient d'une église, il est défendu de remercier Dieu pour une pareille lumière (2).

228.

Il est sévèrement défendu au Juif de pren-

---

(1) Orach Chaijim § 224, 1 ; 224, 2 ; 224, 5 ; 224, 12 ; 224, 11.
(2) Orach Chaijim 298, 5, Haga.

dre aucun plaisir ni d'avoir aucun profit provenant d'un temple d'Akums, par exemple en été de se promener à son ombre, d'écouter le jeu des orgues ou de regarder un beau tableau d'une église pour s'en réjouir (1).

229.

Il est sévèrement défendu à un Juif de se bâtir une maison à côté d'une église, mais s'il en possède déjà une qui touche à une église et que cette maison tombe, il doit reconstruire la maison un peu plus éloignée de l'église et pour que l'église n'y gagne rien, il doit remplir l'intervalle entre l'église et sa maison d'épines ou d'excréments (2).

230.

C'est une bonne œuvre que chaque Juif, autant qu'il est en son pouvoir, s'applique à brûler ou à ruiner les églises ou ce qui leur appartient, ou ce qui est fait pour eux, d'en disper-

(1) Schulchan aruch Jore de 'a 142, 10 et 15.
(2) Jore de 'a § 143, 1.

ser les cendres à tous les vents ou de les jeter dans l'eau (1). En outre c'est le devoir de chaque Juif de chercher à détruire chaque église chrétienne et de lui donner un sobriquet injurieux (2).

231.

Trente-neuf coups de bâton seront donnés au Juif qui aura juré quelque chose par le nom d'une église. En général il est défendu de prononcer le nom d'une église (pour une église il ne doit y avoir qu'un sobriquet injurieux. Même les jours de fêtes des Akums ne doivent pas être désignées par leurs noms, à l'exception de celles qui ont des noms d'hommes, par ex. : Pierre, Paul, André) (3).

Il est permis au juif de se moquer de l'Akum en lui disant : « Que ton Dieu t'aide et bénisse ton travail. » Voici ce que le Juif doit penser en disant cela : « Le Dieu des chrétiens (lesquels chrétiens il tient pour des idolâtres) ne

(1) Jore de 'a 146, 14.
(2) Dº 146, 15. Tiré du Deutéronome XII, 2, 3.
(3) Dº 147, 1 et 2. Tiré du Sanhedrin, p. 60 et 63.

peut rien et par conséquent il ne peut le bénir. »
— (La bénédiction du Juif envers un chrétien n'est ainsi qu'ironie et moquerie (1).

232.

C'est une œuvre bonne et ordonnée qu'un Juif s'éloigne de quatre aunes d'une église (par ex. : si son chemin conduit près de cette église. Il est sévèrement défendu à un Juif d'incliner (baisser) la tête près d'une église. Par exemple s'est-il planté une épine à un pied ou s'il lui est tombé de l'argent par terre et qu'il faille qu'il se baisse nécessairement, il doit dans ce cas tourner le dos à l'église (pour se baisser.) Si le tuyau d'une fontaine se termine à son orifice (à l'embouchure) par une image sainte ou symbole chrétien, le Juif n'osera pas boire de l'eau de cette fontaine, parce que cela pourrait paraître, en se baissant vers l'orifice, comme s'il voulait embrasser la sainte image ou le symbole (c'est-à-dire les adorer) (2).

(1) Jore de 'a 147, 5, et Haga.
(2) Schulchan aruch Jore de 'a, 150, 1 ; 150, 2; 150, 3. Tiré du Talmud Aboda Zara p. 12 et 17.

233.

Il est sévèrement défendu au Juif de souiller, profaner son cimetière, c'est-à-dire d'y faire ses besoins ou de permettre à un Akum d'y entrer. Du reste il n'est jamais permis au Juif de tirer aucun profit d'un cimetière juif; mais si le fond de la terre d'un cimetière juif appartient à un chrétien, alors il est permis de vendre peut-être quelques produits du cimetière (par ex. : herbes ou arbres) pour pouvoir, avec le temps, acquérir la propriété de ce cimetière, parce que c'est un honneur pour les morts de reposer dans une propriété juive (1).

234.

(Voir la loi 211.)

---

(1) Schulchan aruch Jore dë 'a 368, 1, et Haga. Tiré de Mohar Weill § 50.

CHAPITRE XII.

CHRÉTIENS. — BÉTAIL IMMONDE.

235.

Si la peste a éclaté quelque part et que beaucoup d'hommes en soient devenus victimes, les Juifs doivent se réunir dans la synagogue sans avoir mangé et bu toute la journée, et prier pour que Dieu ait pitié d'eux et veuille les délivrer de la peste. Mais si la peste est tombée sur les animaux, il n'est pas nécessaire de faire cela, mais bien si c'est parmi les cochons, comme leurs intestins sont semblables à ceux de l'homme et de même si la peste est parmi les Akums (1).

236.

Il est sévèrement défendu de tromper ses semblables, et pour un Juif c'est déjà de la tromperie s'il a vendu en prenant la 6me partie de la valeur de trop ; qui a trompé son prochain doit réparer le préjudice. Naturellement cela ne concerne que les Juifs, car pour un Akum on peut le tromper, c'est permis ; le Juif n'a donc besoin de rien rendre à l'Akum de ce qu'il a pris de trop en le trompant, car il est écrit dans les Saintes Ecritures : « Vous ne devez pas tromper vos frères », mais les chrétiens ne sont pas nos frères ; au contraire, comme il

---

(1) Schulchan aruch. Orach Chaijim 576, 3. Tiré du Talmud Taanith, p. 21.
Dans cette loi 235 nous voilà égaux aux cochons.
Dans la loi 217 nous sommes des animaux.
    «   224, 98, nous voilà égaux aux chiens.
    «   217, 13, nous sommes des animaux.
    «   203, 25, le chien est au-dessus de nous.
    «   179, 15, d°   d°   d°
    «   165, 3, nous voilà comparés à des excréments humains.

a déjà été dit, loi 203; ils sont pis que les chiens (1).

237.

Si un Juif a acheté de la vaisselle d'un Akum soit en métal, soit en terre, il doit la laver bien proprement, parce que les Akums sont sales (d'après les Juifs). Même si le Juif vend de la vaisselle à un Akum le Juif doit la laver de nouveau si l'Akum la lui a rapportée, parce que par l'attouchement de l'Akum, la vaisselle est souillée (2) !

(Tous les chrétiens sont des créatures impies.)

238.

Il est défendu à un Juif de louer un Akum en son absence, par exemple de dire : « Quel beau chrétien ! » s'il a un beau corps d'homme,

---

(1) Schulchan aruch. Choschen ha-mischpath 227, 1. du Talmud Baba Mezia p. 49. — § 227, 26 du Talmud Berachotti, p. 13. Tiré de Raschi. Deutéronome XIV, 21.

(2) Jore de 'a 120, 1 ; 120, 11.
Sabbath 145 b. il est dit textuellement : « Pourquoi les chrétiens sont-ils si sales ? Parce qu'ils mangent des animaux impurs et affreux, etc. (En s'adressant à ces gens-là, Jésus leur dit : saint Matthieu, ch. XXIII, verset 25.)
Voir la loi 255 et le Deutéronome XIV, 21.

mais il est encore mille fois plus défendu de louer ses vertus, par exemple de dire : « Quel homme savant ! » ou « quel homme sage ! etc. » Mais si en louant la beauté physique d'un homme on a en vue de louer Dieu de ce qu'il a créé une aussi belle créature, il est alors permis de le faire, car le Juif ose louer Dieu à cause de la beauté d'un animal et naturellement d'un Akum (1).

239.

Les Juifs ont le précepte que dans certains temps, ils doivent se purifier (Lévit. 12 et 13) par des ablutions. Rencontrent-ils, après les ablutions, quelque chose d'impur, de dégoûtant ou un Akum, ils sont obligés de recommencer leurs ablutions parce que le seul aspect d'une chose immonde ou d'un Akum même sans attouchement salit déjà (2).

(1) Jore de 'a 151, 14. Tiré du Talmud Aboda Zara 20. Orach Chajim 225, 10. Tiré du Talmud Jeruschalmy, Berachoth.
(2) Jore de ' a 198, 48. Haga. Tiré Scha ' are Dura.
D'après le commentaire de Béer heteb, voici l'énumération des êtres impurs : un chien, un âne, un idiot, un akum, un chameau, un cochon, un cheval ou un lépreux. (Nous voilà en bonne société !)

240.

Le mariage entre chrétiens n'est pas obligatoire, c'est une union semblable à celle des chevaux qui vivent ensemble. Les enfants chrétiens avec leurs parents n'ont sous aucun rapport aucune parenté humaine entre eux et si les parents et les enfants veulent devenir Juifs, le fils, par ex., peut se marier avec la mère (1).

241.

Si un Juif a pour domestique un Akum ou une Akum pour servante et que l'un des deux soit mort dans sa maison, il est défendu à un autre Juif de le consoler sur ce cas de mort ; mais il peut lui dire : « Que Dieu répare ta perte, » comme on dit à un homme s'il lui est crevé un bœuf ou un âne (2).

L'édition du Talmud de Vilna qui date de 1879 a remplacé le mot *Akum* par les mots animal et bête de somme. Il falsifie autant qu'il dépend de lui, le Talmud pour dérouter celui qui le lira, afin que, d'après le conseil du Talmud, on ne s'attire pas la haine des chrétiens.

(1) Schulchan aruch. Jore de 'a 269. 1, du Talmud Jebamoth, p. 22.
(2) Jore de ' a 377, 1. Tiré du Talmud Berachoth, p. 16.

242.

Il est défendu à un Juif de placer son enfant dans un établissement chrétien d'instruction publique pour s'instruire ou chez un artisan chrétien pour lui faire apprendre un état, parce que l'Akum le mettrait sur un mauvais chemin. De plus un Juif ne doit jamais rester seul avec un Akum parce que les Akums sont sanguinaires (1).

Si un Juif et un chrétien se rencontrent dans l'escalier, le Juif doit aller le premier en montant et le dernier en descendant, ainsi il doit toujours être au-dessus de l'Akum, car si l'Akum était au-dessus il pourrait le tuer.

De plus, en présence d'un Akum, le Juif ne doit pas se plier, autrement l'Akum pourrait lui abattre la tête. A la demande d'un Akum où va le juif, celui-ci ne doit pas lui dire la vérité afin que l'Akum n'aille pas le guetter et le tuer (2).

(1) Jore de ' a 153. 1. Haga.
(2) Jore de ' a 153, 2 et 153, 3.
Dans l'Aboda zara, 256 et 26 a, le mensonge est recommandé.

243.

Voir les lois 165, 179, 201, 203, 213, 247, 236..

CHAPITRE XIII.

IL EST NON SEULEMENT PERMIS AUX JUIFS DE TUER LES AKUMS, MAIS ENCORE C'EST UNE BONNE ŒUVRE.

244.

Il est permis, encore maintenant, de tuer un *Moser*, c'est-à-dire un homme qui se vante de vouloir dénoncer quelqu'un quand les suites de la dénonciation peuvent être pour le dénoncé une punition corporelle, pécuniaire (si petite soit-elle, comme la prison.) On lui dit d'abord : « Ne dénoncez pas. » S'il refuse et dit : « Je dénoncerai », il est non-seulement permis, mais encore c'est une bonne œuvre de le tuer (dans chaque endroit, ainsi partout où on le trouve on doit le tuer) et celui-là sera au nombre des bienheureux qui le tuera le premier (1).

245.

Si quelqu'un a dénoncé trois fois un Juif à un chrétien, on doit, lors même qu'il promet de se corriger et de ne plus dénoncer, chercher les moyens et la voie pour le faire partir de ce monde.

Les *faux frais* qui en résulteront pour faire *périr cet homme* devront être payés par les Juifs qui habitent l'endroit, la ville où la punition aura lieu ; c'est leur devoir (2).

Voir la loi 150 et la loi 246.

246.

Depuis que le Sanhedrin et le Temple (de Jérusalem) n'existent plus, la peine de mort

---

(1) Schulchan aruch Choschen ha-mischpat 388-10. Tiré du Baba Gamma, pages 117 et Haga.

(2) Schulchen aruch Choschen ha-mischpath 388 15. Tiré du Scha ' a loth uteschuboth Ribasche.

Choschen ha-mischpath 388, 15 et 16. Faux frais signifie qu'il ne faut pas le tuer directement ; comparer à la loi suivante :

388, 14, il est dit : C'est en son absence qu'il faut interroger les témoins ; du reste il n'est pas nécessaire que la chose soit bien certaine.

ne peut plus être décrétée par le Sanhedrin, c'est-à-dire par les juges du conseil supérieur. Le conseil des rabbins seul peut décréter la peine de mort par la loi 193. A l'exception toutefois de la permission de tuer un Moser (loi 244) action non-seulement approuvée comme une bonne œuvre, mais encore ordonnée sans avoir recours à la prononciation d'un jugement des rabbins. Un Juif fait son devoir s'il tue un *Apiqoros*. On appelle Apiqoros un libre-penseur, un incrédule, un moqueur, etc. qui nie les leçons d'Israël, se vante de son incrédulité, ou d'un Juif devenu Akum. S'il peut le faire tuer en public, qu'il le fasse, mais s'il ne peut le faire en public à cause des tribunaux de l'Etat, il doit alors penser à un moyen de le faire disparaître secrètement de ce monde. Le Juif, il est vrai, n'a pas le devoir de faire mourir un Akum avec lequel il vit amicalement, mais il ne lui est pas permis de le sauver de la mort.

(1) Schulchan aruch Choshcen ha-mischpath 425,5. Tiré du Talmud Aboda Zara p. 26.

247.

Le Juif n'est pas obligé de tuer lui-même un Akum avec lequel il vit en paix, cependant il lui est sévèrement défendu de sauver de la mort un Akum (par exemple, s'il était tombé dans l'eau et si l'Akum offrait toute sa fortune pour le sauvetage). De plus il est défendu de guérir un chrétien, même si on paye le docteur, excepté cependant s'il est à craindre que les Akums à cause de cela ne conçoivent une haine contre les Juifs. Il est même permis de traiter l'Akum gratuitement dans le cas où le Juif ne peut se débarrasser de ce traitement.

Il est permis de plus à un Juif d'essayer sur un Akum si un remède est salutaire ou mortel.

De plus il faut qu'un Juif tue (cela est un devoir) le Juif qui s'est fait baptiser et qui a passé du côté des Akums, et il est défendu de la

---

Schulchan aruch Choschen ha-mischpath 425, Haga. Tiré du Talmud Qidduschin p. 82.
Choschen ha-mischpath 425. Haga, 425. 5.
Pour ce qui concerne les Akums pacifiques, v. la loi 247 ci-dessus,

manière la plus sévère de sauver de la mort un pareil homme (1).

(1) Schulchan aruch Jore de ' a 158,1. Tiré de Maimouni et du Talmud d'Aboda Zara, p. 26.
Schulchan aruch Jore de ' a 158. 2. Haga; tiré de Tosophath et de Mardachai dans le Talmud Aboda Zara.

CHAPITRE XIV.

FOURBERIE.

248.

Il est défendu à un Juif de donner l'aumône ou de prêter à celui qui désavoue *même une seule loi*, mais cela est encore bien plus défendu à l'égard du Juif devenu Akum parce qu'on n'est pas obligé de le faire vivre (1).

Cependant il est permis de donner l'aumône à un Akum afin qu'il ne naisse aucune haine contre les Juifs (2).

(1) Schulchan aruch Jore de ' a 251, 1. Tiré du Talmud Gittin p. 45 et 61.
(2) Jore de ' a 251, 1., 251, 2. Commentaire note 2.

249.

Si un Juif est présent à la mort d'un autre Juif au moment même où l'âme se sépare du corps, comme signe de deuil il doit s'arracher un morceau de son vêtement même si le mourant était un pécheur. Mais s'il est présent à la mort d'un Juif devenu Akum, ce signe de deuil est défendu, parce que le Juif doit se réjouir d'un pareil cas, d'autant plus que c'est une joie qui ne coûte point d'argent. De plus il est défendu au Juif de rendre les derniers honneurs à un Akum, par exemple d'accompagner son corps ou de faire un discours funèbre en l'honneur du mort ; cela ne peut être permis que là où on le fait par amour de la paix (1).

250.

Il est toujours défendu à chaque Juif d'aller dans la maison d'un chrétien à ses jours de fête pour ne pas être obligé de le féliciter. Mais s'il le rencontre par hasard dans la rue, il lui est

---

(1) Schulchan aruch Jore de ' a 340, 5, et 344, 8. Tiré du Talmud Moëdkatan, p. 25.

cependant permis de le saluer, mais d'une voix faible et d'une tête lourde (1).

251.

Il est toujours défendu au Juif de répondre au salut d'un Akum avec les mots : « Que la paix soit avec toi » : ou avec d'autres expressions pareilles, parce que les Juifs croient que la paix tombera en partage à celui qui aura le premier exprimé les souhaits quand l'autre aura répondu.

Voici le conseil donné au Juif : « Aussitôt qu'il voit un Akum, il doit le saluer le premier afin que l'Akum ne soit pas le premier à saluer, ce qui forcerait le Juif de répondre à son salut, et cela contribuerait, que Dieu nous en préserve, à ce que l'Akum soit béni (2).

(1) Schulchan aruch Jore de'a 148, 9. Tiré du Talmud Gittin p. 62.
Le Juif, dans un pareil cas, ne salue ni volontiers, ni amicalement ; il ne doit faire que ce qui est strictement nécessaire pour ne pas s'attirer la haine.
(2) Schulchan aruch Jore de'a 148, 10. Tiré du Talmud Gittin, p. 62.
Ce n'est pas de la pure philanthropie ou amitié si le Juif est si prévenant de son salut. — Voici une notice du Talmud (Gittin 62 a)

252.

Il est défendu à un Juif de s'incliner ou d'ôter son chapeau devant un roi ou un prêtre qui porte une croix sur ses habits ou sur sa poitrine, afin qu'il ne paraisse pas que l'inclinaison est faite vers la croix. Pour ne pas blesser les convenances, il doit ôter son chapeau avant qu'il ne voie la personne (de même aussi la croix) ou il doit comme par hasard faire tomber de l'argent en leur présence et se baisser pour le ramasser (1). (Ainsi sa conduite

qui n'est pas sans intérêt : le rabbin *Kahana* avait l'habitude de saluer les Akum avec les mots suivants : « Paix à mon Seigneur. » Raschi fait la remarque : Il ne pensait nullement à faire le souhait pour un Akum, mais son intention était que la bénédiction retombât sur son rabbin.

(1) Schulchan aruch, Jore de' a 150, 3. Haga. Tiré du Terumath ha-deschen, p. 137.

Qui porte une croix, sinon un prince ou un prêtre chrétien? Il est facile de comprendre pourquoi le prudent éditeur de la nouvelle édition du Talmud imprimée à Vilna (Russie) en 1879 a changé le mot croix en images qui servent au culte des idolâtres. Mais malheureusement il reste encore des éditions dont le texte n'a pas été falsifié.

On peut voir les peines que cet éditeur s'est donné pour tromper les chrétiens ; rien que dans les 93 dernières lois de cet ouvrage, on y trouve les falsifications suivantes : 165, 166, 167, 168, 179, 193, 215, 217, 239, 246, 252, 256, etc.

Ces falsifications se trouvent expliquées dans l'ouvrage « Juden-

avait l'apparence qu'il prouve son respect, sa déférence aux personnes citées plus haut tandis qu'au contraire il a véritablement une toute autre intention).

253.

Il est sévèrement défendu à un Juif de faire un cadeau à un Akum pour son jour de l'an, parce que l'Akum regarderait cela comme un présage de bonheur pour la nouvelle année et s'en réjouirait. Cependant si le Juif ne peut échapper à cet usage, il doit envoyer le présent avant le nouvel an. Si en n'envoyant pas le présent le jour du nouvel an, ou en l'envoyant plus tôt, cela devait engendrer la haine, il lui est alors permis de l'envoyer le jour du nouvel an même (1).

spiegel » du Dr Jaccob Ecker dans les lois numéros 3, 7, 8, 14, 15, 40, 13, 84, 50, 71, et 18, et d'autres encore, lois 1, 2, 4 etc.

L'édition de Stettin du Schulchan aruch (1865) renferme moins de falsifications que celle de Vilna.

(1) Schulchan aruch Jore de ' a 148, 12. Jore de ' a 148, 5, et 148, 12. Haga.

Dans la loi 148, 12. Haga (explications), on lit littéralement après avoir nommé deux fois les chrétiens *Akum* ces mots : « Si l'on veut envoyer un cadeau à un Akum huit jours après Noël, que l'on

254.

Voir nos 21, 31, 32.

255.

Un animal tué par un Akum ou par un Juif devenu chrétien doit être considéré comme un animal crevé, même si des Juifs ont vu comment on l'a tué (1).

256.

A la fête d'Aman tous les Juifs doivent dire la prière en action de grâces appelée *Arur Aman* dans laquelle on dit : Qu'Aman soit maudit, que Mardochée soit béni ! que Jéresch (2) soit maudite, qu'Esther soit bénie ! Que tous les

---

nomme le Nouvel an, il (l'Akum) pourrait le regarder comme un présage de bonheur, etc... Quels sont les Akums qui ont le Nouvel an sept jours après Noël ? Quels sont les Akums qui ont une fête appelée Noël ? Les Juifs prétendent que ce ne sont pas les chrétiens ; probablement ce sont les Zoulous ou les Hottentots ; enfin chaque Juif, comme la *Lanterne* de Mayer, est occupé à faire prendre aux chrétiens des vessies pour des lanternes, et ils ne s'en tirent que trop bien : il serait bientôt temps que cela cessât.

(1) Schulchan aruch Jore de'a 2,1. Tiré du Talmud Chullin, p. 13.
(2) Femme d'Aman.

Akum soient maudits ! Que tous les Juifs soient bénis (1) !

257.

Texte de la prière *Chephoch* qui fait l'objet de la loi 168 ci-dessus :

« Répands ta colère sur les nations qui ne te connaissent point et sur les royaumes qui n'invoquent point ton nom. Car on a dévoré Jacob et on a désolé sa demeure (2).

« Tu répandras ton indignation sur eux et l'ardeur de ta colère les saisira (3).

« Poursuis-les dans ta colère et extirpe-les de sous le ciel de Dieu (4). »

---

(1) Schulchan aruch. Orach Chajim 690, 16. Tiré du Talmud Gechalmi. Megilla.
(2) Psaume 69, versets 6 et 7
(2) Psaume 69, verset 25.
(3) Lamentations de Jérémie, III, verset 66.

FIN

TABLE

Préface... 5

INTRODUCTION

I. Livres religieux des Juifs.............................. 11
II. Noms que les Juifs donnent aux Chrétiens............. 30
III. Différence entre la morale chrétienne et la morale du Talmud.. 32
IV. Josse mosaïste.. 41
V. Les Juifs à travers l'histoire........................ 70
VI. Conclusion.. 92

PREMIÈRE PARTIE

Chapitre Ier. Ancienneté et importance du Talmud....... 113
Chap. II. Fruits de l'étude du Talmud..................... 119
Chap. III. Quintessence de cette étude.................... 121
Chap. IV. Dieu d'après le Talmud.......................... 123
Chap. V. Dieu et Moïse.................................... 126
Chap. VI. Rabbins... 128
Chap. VII. Caractère des Rabbins.......................... 130
Chap. VIII. Importance des Rabbins........................ 133
Chap. IX. Rabbins directeurs de séminaires de Rabbins.... 137
Chap. X. Rabbins et prophètes............................. 139
Chap. XI. Anges... 141
Chap. XII. Rabbins et anges............................... 143
Chap. XIII. Rabbins et Dieu............................... 145
Chap. XIV. Toupet des Rabbins............................. 149
Chap. XV. Ange de la mort................................. 152
Chap. XVI. Messie... 155

TABLE.

Chap. XVII. Diables.. 158
Chap. XVIII. Miracles des Rabbins...................... 160
Chap. XIX. Juifs.. 164
Chap. XX. Destruction de Jérusalem..................... 169
Chap. XXI. Mariage.. 171
Chap. XXII. Hygiène....................................... 174
Chap. XXIII. Vermine...................................... 177
Chap. XXIV. Idées sur l'enfer............................. 179
Chap. XXV. Châtiments réservés aux Chrétiens......... 181
Chap. XXVI. Travail manuel et agriculture............. 183
Chap. XXVII. Divers.. 185

DEUXIÈME PARTIE

Chapitre Ier Descendants d'Aaron, prières............. 191
Chap. II. Morale... 195
Chap. III. Aumône et cadeaux............................ 202
Chap. IV. Prudence....................................... 206
Chap. V. Usure.. 208
Chap. VI. Justice et témoignage......................... 212
Chap. VII. Commerce et achats........................... 218
Chap. VIII. Employés d'un gouvernement............... 226
Chap. IX. Médecins et sages-femmes.................... 229
Chap. X. Mariages et nourrices.......................... 232
Chap. XI. Églises et cimetières.......................... 236
Chap. XII. Chrétiens. — Bétail immonde................. 242
Chap. XIII. Il est non seulement permis aux Juifs de tuer les
 Akums, mais encore c'est une bonne œuvre............ 249
Chap. XIV. Fourberie..................................... 254

Tulle, imp. Mazeyrie

www.ingramcontent.com/pod-product-compliance
Lightning Source LLC
Chambersburg PA
CBHW070621170426
43200CB00010B/1867